AF458736

Tableaux

Chronologiques et Synchroniques

de

L'HISTOIRE UNIVERSELLE.

1847

Lith. Paul Dupont, rue Grenelle St Hre 55.

Temps primitifs de la création du monde à la fondation des premiers empires.

Avant J. Ch.		Histoire Sainte		Asie.	Afrique	Europe.
			Patriarches antédiluviens			
1ère Époque	4963	Création du monde. – Adam et Ève dans le Paradis terrestre; leur désobéissance et leur punition	Adam			
	4962 4961 4834 4833	Naissance de Caïn et d'Abel Naissance de Seth Mort d'Abel	Seth Enos Caïnam Malaléel			
		La postérité de Seth et celle de Caïn désignées sous le nom d'Enfants de Dieu, Enfants des hommes. Les Géants. Corruption des hommes	Jared Henoch Mathusalem Lamech Noé			
2ème Époque	3308	Déluge Universel. Noé et sa famille échappent au désastre général	Patriarches post-diluviens Sem. Arphaxad			
		Tour de Babel.	Salé Héber			
	2907 – 2868	Dispersion des Hommes.	Phaleg [illegible] Nachor Tharé Abraham	Les descendants de Sem peuplent l'Asie	Descendants de Cham en Afrique	Descendants de Japhet en Europe.

Temps mythologiques de la fondation des premiers empires à la fondation de Rome.

1re Époque du 25e au 17e Siècle	Histoire Sainte	Assyrie	Perse	Égypte	Grèce	Observations.
Tems idolâtrique	2296 Vocation d'Abraham; ruine de Sodome, de Gomorrhe etc. 2191 Mort d'Abraham, Isaac et ses deux fils, Jacob et ses 12 enfants 2090 Joseph esclave en Égypte 2076 Établissement des Hébreux en Égypte	2680 Nemrod fonde Babylone. Assur fonde Ninive.	Elam petit-fils de Sem, fonde le Royaume de Perse	2467 Ménès ou Mesraïm, fils de Cham, premier roi d'Égypte. Rois Pasteurs. Thoutmosis, Busiris, Osymandias, Uchoréus 2040 Mœris.	Javan, fils de Japhet s'établit dans la Grèce.	L'Invasion des Rois Pasteurs est certaine, mais l'époque en est fort indécise, quelques-uns la placent après Mœris.
		1993 Bélus unit Babylone et Ninive, et fonde le premier royaume d'Assyrie. 1968 Ninus 1916 Sémiramis. 1874 Ninias ouvre la suite des rois indolents.			1986 Inachus dans l'Argolide	
	1725 Moïse					

Tems Mythologiques (Suite)

Avant J. Ch.	Histoire Sainte	Assyrie	Perse	Egypte	Grèce	Observations
2ème Époque Du 17e au 13e Siècle Tems héroïques	1645 Sortie de l'Égypte Législation de Moïse 1605 Mort de Moïse. Entrée dans la terre promise. — Josué 1554 Othoniel délivre les Israélites de la servitude de Chusan, Roi de Mésopotamie. 1496 Aod. Vainqueur d'Églon, roi de Moab, met fin à la 2e servitude 1396 La victoire de Débora sur Jabin Roi de Chanaan termine la 3ème servitude. 1349 Gédéon délivre sa nation du joug des Madianites	Les Rois indolents continuent à régner en Assyrie. Ces Rois au nombre de 34 embrassent une période de plus de 1000 ans, mais il est sans exemple dans l'histoire que des Princes incapables aient conservé le trône un tel espace de temps. Il est donc probable que l'Assyrie aura éprouvé quelque révolution dont le souvenir n'est point arrivé jusqu'à nous.	Époque sans annales	1665 Ramessès-Miamoun Aménophis 1645 Sésostris Phéron	1640 Agénor fonde le royaume de Phénicie 1582 Cécrops fonde Athènes. Aréopage. Deucalion. Hellènes. 1580 Fondation de Thèbes par Cadmus 1572 Danaüs dans l'Argolide 1516 Lélex s'établit à Sparte. 1350 Expédition des Argonautes. Hercule. Jason. Orphée. 1328 Corinthe fondée par Sisyphe 1323 Thésée à Athènes 1321 Expédition des Héraclides 1318 à 07 Guerre de Thèbes	Avant Psammétichus on ne peut assigner une date certaine aux faits qui suivent l'histoire de Sésostris. Quelques chronologistes placent la fondation d'Athènes en 1643.
3ème Époque du 13ème au 9e Siècle Tems poétiques	1309 Abimélech [illegible]. 1306 Thola 1283 Jaïr 1243 Jephté par sa victoire met fin à la domination des Ammonites 1237 Abesan 1230 Ahialon 1220 Abdon 1172 Samson affranchit les Israélites de la servitude des Philistins 1152 Héli 1080 Saül 1040 David 1001 Salomon 991 Dédicace du Temple 962 Roboam. Dix tribus se révoltent et dès lors les Israélites forment deux Royaumes **Royaume de Juda.** 962 Roboam impie 946 Abiam, impie 944 Asa, pieux 904 Josaphat pieux. **Royaume d'Israël.** Jéroboam 943 Nadab 942 Baasa 919 Ela Zamri Amri fonde Samarie 907 Achab épouse Jézabel (Ac.)			Protée Chéops et Chéphren Mycérinus Lacune pendant laquelle on place un roi qui donne sa fille à Salomon. 961 Sésac vainqueur des Israélites	1280 à 70 Guerre de Troie 1190 Retour des Héraclides 1134 Codrus dernier roi d'Athènes. Établissement de l'Archontat 1050 Les Lacédémoniens prennent Hélos (les Ilotes) 907 Homère 900 Hésiode	

1er Siècle après Jesus-Christ — Les Césars — 2ème Siècle — Les Antonins.

Au Commencement de l'Ère Chrétienne l'Empire Romain comprenait :
L'Italie, la Gaule, la Grande Bretagne, l'Espagne, l'Illyrie, l'Asie mineure, l'Égypte et l'Afrique propre.

Italie	Gaule et Grande Bretagne	Asie mineure	Germanie	Parthes
4 Conspiration de Cinna — Clémence d'Auguste. 10 Défaite de Varus dans la Germanie. 11 Tibère associé à l'Empire. 14 Tibère — expédition glorieuse de Germanicus en Germanie.			10 Défaite de Varus. 16 Victoires de Germanicus.	4 Phraate V
19 Germanicus empoisonné par Pison.	21 Révolte de Florus et de Sacrovir.	17 Cappadoce réunie à l'Empire. 19 Mort de Germanicus.		
23 Séjan favori de Tibère empoisonne Drusus et aspire au pouvoir. 27 Tibère à Caprée.		30 Prédication de Jésus-Christ.		
31 Disgrâce et mort de Séjan.		33 Mort de Jésus-Christ.		
37 Caligula. Folies cruelles de ce prince. 41 Claude 43 Expédition dans la grande Bretagne.	43 Claude passe dans la Grande Bretagne.	50 Concile de Jérusalem.		54 Guerre contre les Romains.
54 Guerre contre les Parthes — mort de Claude. Néron 55 Britannicus empoisonné par Néron.				56 Vologèse vaincu par Corbulon Général Romain.
60 Assassinat d'Agrippine. 64 Incendie de Rome. 1re persécution contre les Chrétiens. Mort de Saint Pierre et de Saint Paul.	61 Soulèvement des Bretons.			
65 Conjuration de Pison. Sénèque et Lucain condamnés à mort. 66 Révolte des Juifs 68 Galba 69 Othon. Vitellius. Vespasien 70 Prise de Jérusalem 79 Agricola dans la Grande Bretagne — Titus. première éruption du Vésuve. Destruction d'Herculanum — Mort de Pline.	69 Révolte des Gaulois. Sabinus. 79 Succès d'Agricola.	66 Révolte des Juifs. 68 Guerre Civile. 70 Prise de Jérusalem, destruction du Temple.	69 Révolte des Bataves — Civilis.	
81 Domitien 86 Guerre contre les Daces. 95 Deuxième persécution. Martyre de St Jean, son exil dans l'île de Pathmos		Deuxième persécution.	86 Domitien paie un tribut aux Daces.	
96 Nerva 98 Trajan 102.105 Expédition contre les Daces. 106 Troisième persécution.		106 Troisième persécution.	102-105 Trajan réduit la Dacie en province Romaine.	108 Cosroès I
114 Guerre contre les Parthes. Conquête de l'Arménie 117 Adrien 135 Nouvelle révolte des Juifs. Ils sont chassés de Jérusalem. 138 Antonin règne heureux et paisible		135 Nouvelle révolte des Juifs. Ils sont chassés de Jérusalem.		114 Succès de Trajan — après sa mort Cosroès reprend l'Arménie.
Lucius Verus, il meurt en 169. 161 { Marc Aurèle 166 Quatrième persécution 169 Guerre contre les Marcomans 174 La Légion fulminante 180 Mort de Marc Aurèle — Commode achète la paix des Germains.	166 Martyre de St Pothin.	166 Martyre de St Polycarpe.	169 Guerre contre les Marcomans. 180 Commode achète la paix.	189 Vologèse III
192 Marcia, femme de Commode le fait assassiner. Pertinax, Julianus, Didius. l'empire est mis à l'encan. 193 { Niger et Albinus se disputent l'empire. Sévère l'emporte sur ses compétiteurs qu'il défait tour à tour. 198 Guerre contre les Parthes. 199 Cinquième persécution.	199 Cinquième persécution — Mort de St Irénée évêque de Lyon.			194 Sévère se venge de Vologèse qui a favorisé Niger.

3ème Siècle après Jésus-Christ — Anarchie militaire.

Italie	Gaule. Grande Bretagne	Asie Mineure.	Germanie	Parthes.
210 Construction d'une muraille destinée à arrêter les Scots. 211 Caracalla et Géta. Ce dernier est assassiné par son frère.	210 Grande muraille au Sud des Scots.		213 Confédération allemande.	214 Artaban, dernier des Arsacides. 215 Caracalla envahit l'Arménie. Macrin achète la paix.
217 Mort de Caracalla. Macrin. 218 Héliogabale, prince vicieux et corrompu. 222 Alexandre Sévère, prince sage et courageux.		218 Héliogabale, prêtre d'Émèse est proclamé empereur.		226 Artaxercès met fin au Royaume des Parthes. 2e Empire des Perses. Dynastie Sassanide.
233 Succès d'Alexandre Sévère en Perse. 235 Maximin 1er le Gigantesque. 236 6e persécution — les deux Gordiens père et fils. 237 Maxime et Balbin. 237 Gordien le jeune.	6e Persécution. 241 Première invasion des Francs.	6e Persécution.		233 Défaite d'Artaxercès par Alexandre Sévère. 238 Sapor 1er. 241 Ce prince s'empare de la Mésopotamie. 242 Il se retire à l'approche de Gordien.
242 Expédition contre les Perses.				
244 Philippe l'Arabe. 249 Philippe meurt en combattant Dèce qui lui dispute l'Empire.				
249 Dèce reste maître de l'Empire. 250 Septième persécution. 251 Invasion des Goths — Mort de Dèce. 251 Gallus.	7e Persécution.	7e Persécution.	251 Invasion des Goths, mort de Décius.	
253 Emilien, Valérien se disputent l'Empire.	264 Francs et Sicambres défaits par Aurélien. 8e Persécution.	8e Persécution.		
256 8e persécution ordonnée par Valérien. 259 Guerre contre les Perses — Valérien fait prisonnier. 260 Gallien fils de Valérien ne cherche pas à le venger — Les 30 tyrans.				259 Guerre contre les Romains. 260 Valérien fait prisonnier.
		264 Odenath, roi de Palmyre envahit l'Orient. 267 Les Goths ravagent l'Asie Mineure.		
268 Claude 2 — Succès contre les Goths et les Perses.		269 Zénobie, reine de Palmyre envahit l'Égypte et se fait appeler Reine d'Orient.		
270 Aurélien empereur abandonne la Dacie aux Goths.			270 La Dacie est cédée aux Goths.	
273 Défaite de Zénobie.	274 Soumission de Tétricus chef des Gaules.	273 Zénobie vaincue par Aurélien.		
275 9e Persécution. Mort d'Aurélien. Tacite. 276 Probus. 277 Il soumet les Barbares dans la Gaule.	277 Francs, Bourguignons, Vandales vaincus par Probus.			276 Varane 2, ou Baharam.
282 Carus. 283 Mort de Carus — Carin — Numérien, ce dernier est assassiné.				282 Carus vainqueur des Perses.
284 Dioclétien — Il s'associe Maximien.	287 Les Saxons apparaissent sur les côtes de la Gaule et de la Bretagne.			
292 Création de deux Césars. Constance Chlore et Galérius. 297 Galérius efface par ses victoires l'affront que les Perses ont fait subir à ses armes l'année précédente.				

4ème Siècle – Partage de l'Empire.

Italie-Afrique proprement dite.	Gaule-Grande Bretagne-Espagne.	Illyrie.	Asie-Mineure Egypte	Germanie	2e Royme des Perses.
301 Victoires de Dioclétien en [illegible].					
303 Partage de l'Administration de l'Empire entre les quatre souverains.					
Maximien.	**Constance Chlore.**	**Galerius.**	**Dioclétien.**		
303 10e Persécution	303 La Gaule est tranquille sous Constance qui protège les Chrétiens.	10e Persécution.	10e Persécution elle commence à Nicomédie.		
306 Galérius force Maximien et Dioclétien à abdiquer.	306 Mort de Constance Chlore, son fils Constantin prend le titre de César. Invasion des Francs.	305 Galérius crée deux nouveaux Césars Maximin Daia et Sévère.	305 Abdication forcée de Dioclétien, il se retire à Salone.		
307 Maximien reprend la pourpre. Galérius donne le titre d'Auguste à Licinius. 310 Mort de Maximien		311 Mort de Galérius			Sapor 2
312 Constantin entre en triomphe à Rome après avoir vaincu Maxence. Il embrasse le Christianisme.					
314 Constantin force Licinius à lui abandonner ses provinces. 324 Victoires d'Andrinople et de Chalcédoine gagnées par [sur] Licinius			324 Licinius vaincu se retire à Thessalonique, où il est mis à mort quelque temps après.		
Constantin seul maître de l'Empire.					
325 Concile de Nicée où l'on condamne l'hérésie d'Arius.					
326 Mort de Crispus. Le siège du Gouvernement est transféré à Byzance.					
337 Mort de Constantin. Partage de l'Empire entre ses trois fils.					
Constant.	**Constantin 2.**	**Constant**	**Constance.**		
340 Constant s'empare des Etats de Constantin	340 Mort de Constantin		Il favorise l'Arianisme. 348 Guerre contre les Perses. Constance est vaincu à Singare		348 Persécution de 40 ans. Guerre contre les Romains. Victoire de Singare.
350 Mort de Constant					
351 Constance vainqueur de l'Usurpateur Magnence reste seul maître de l'Empire.					
355 Constance s'adjoint Julien l'apostat et lui donne le Gouvernement des Gaules. 360 Nouvelle guerre contre les Perses	355 Julien nommé César gouverne la Gaule. 357 Succès de Julien en Germanie et contre les Francs. 361 Révolte de Julien. Mort de Constance			357 Les Germains vaincus par Julien.	360 Nouveaux succès sur Constance.
361 Julien seul maître de l'Empire essaie de rétablir le Paganisme.					
363 Julien fait la guerre à Sapor et meurt à la bataille de Maronga.					363 Sapor vaincu dans deux batailles fait cependant un traité avantageux par suite de la mort de Julien.
363 Jovien lui succède et fait une paix humiliante avec la Perse.					
364 Mort de Jovien.					
Division de l'Empire.					
Empire d'Occident.		**Empire d'Orient.**			
364 Valentinien 1er. 368 Valentinien combat avec bonheur les peuples barbares. 375 Mort de Valentinien. Son fils Gratien partage l'Empire avec Valentinien 2. 378 Gratien associe Théodose à l'Empire. 383 Gratien assassiné par Maxime. 388 Maxime vaincu par Théodose est pris en vie et mis à mort dans Aquilée. 392 Mort de Valentinien 2 assassiné par Arbogast. 394 Théodose vainqueur d'Aquilée fait mourir l'Empereur Eugène.		364 Valens favorise l'Arianisme. 375 1ère invasion des Huns. Les Goths sont reçus dans l'Empire. 378 Bataille d'Andrinople gagnée par les Goths révoltés. Mort de Valens. Succès de Théodose contre les goths, il est associé à l'Empire. 388 Victoire de Théodose sur Maxime. 390 Massacre de Thessalonique pénitence de Théodose			
394 **Théodose le Grand, seul maître de l'Empire.**					
395 Mort de Théodose, partage définitif de l'Empire. 395 Honorius Empereur d'Occident a pour Ministre le Vandale Stilicon		395 Arcadius Empereur d'Orient sous la tutelle des Goths Rufin.			

5ème Siècle – Invasion des Barbares.

France.	Italie.	Angleterre.	Espagne	Arabie	Empire d'Orient	Eglise.
La Gaule ensanglantée par le passage des Suèves et des Vandales est mise en lambeaux par les Goths, les Bourguignons et les Francs; ces derniers s'y établissent vers l'an 420, sous Pharamond leur Chef.	Sous les faibles successeurs d'Honorius, l'Italie est prise successivement aux Visigoths, aux Huns et aux Vandales est couverte de ruines et de débris.	Lors de la chute de l'Empire romain, après le départ des troupes impériales, la Grande Bretagne fut en proie à des guerres nombreuses entre les différents peuples de cette île. Les Saxons, appelés par les Bretons que les Pictes opprimaient, s'établissent en Angleterre vers 449 et la partagent en sept royaumes qu'ils appellent heptarchie.	Les Visigoths après avoir quitté l'Italie, s'établissent vers l'an 412 au Nord de l'Espagne, d'où ils expulsent les Alains et les Vandales. Leurs premiers Chefs furent Alaric, Astolphe, Wallia, Théodoric 1er, Théodoric 2 et Euric.	Les Arabes descendants d'Ismaël, furent asservis par les Romains sous le règne de l'empereur Trajan; mais bientôt réunis sous les ordres d'un Cheik, ils formèrent des peuplades indépendantes les unes des autres, souvent en guerre quand elles ne se joignaient pas pour piller en commun.	408 Théodose – Pulchérie, sa sœur, gouverne l'Empire.	L'Eglise est la médiatrice entre la civilisation et la barbarie; elle est le refuge des lettres, l'appui du faible, la garantie de la paix publique. Les premiers papes se font remarquer par la pureté de leur foi, l'austérité de leurs mœurs et leur zèle à propager la religion de Jésus-Christ.
428 Clodion						
448 Mérovée						
451 Bataille de Châlons					450 Marcien	
	452 Fondation de Venise					
458 Childéric					457 Léon 1er	
					473 Léon 2	
					475 Zénon	
	476 Odoacre, Roi des Hérules détrône le dernier Empereur d'Occident, Augustule.					
481 Clovis, 1re Bataille de Soissons: Romains chassés de la Gaule			484 Alaric 2.			
					491 Anastase, traité honteux avec les Perses.	
496 Bataille de Tolbiac; Conversion de Clovis.	493 Théodoric, Roi des Ostrogoths, son règne glorieux et puissant rend le repos à l'Italie.					

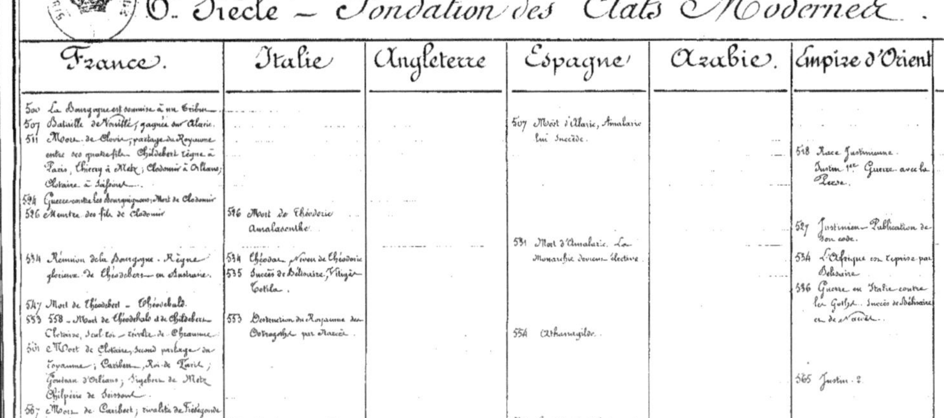

6e Siècle – Fondation des États Modernes.

France.	Italie	Angleterre	Espagne	Arabie.	Empire d'Orient	Église.
500 La Bourgogne est soumise à un tribut.						
507 Bataille de Vouillé, gagnée sur Alaric.			507 Mort d'Alaric, Amalaric lui succède.			
511 Mort de Clovis; partage du Royaume entre ses quatre fils. Childebert règne à Paris, Thierry à Metz; Clodomir à Orléans; Clotaire à Soissons.					518 Race Justinienne. Justin 1er. Guerre avec la Perse.	
524 Guerre contre les Bourguignons; Mort de Clodomir						
526 Meurtre des fils de Clodomir	526 Mort de Théodoric. Amalasonthe.				527 Justinien – Publication de son code.	
			531 Mort d'Amalaric. La Monarchie devient élective.			
534 Réunion de la Bourgogne. Règne glorieux de Théodebert en Austrasie.	534 Théodat, Neveu de Théodoric				534 L'Afrique est reprise par Bélisaire	
	535 Succès de Bélisaire, Vitigès. Totila.				536 Guerre en Italie contre les Goths. Succès de Bélisaire et de Narsès.	
547 Mort de Théodebert – Théodebald.						
553 558 – Mort de Théodebald et de Childebert – Clotaire, seul roi – révolte de Chramne.	553 Destruction du Royaume des Ostrogoths par Narsès.		554 Athanagilde.			
561 Mort de Clotaire, second partage du royaume; Caribert, Roi de Paris; Gontran d'Orléans; Sigebert de Metz; Chilpéric de Soissons.					565 Justin 2.	
567 Mort de Caribert; rivalité de Frédégonde et de Brunehaut.	568 Révolte de Narsès. Fondation du royaume de Lombardie. Alboin. Exarchat de Ravenne. Conversion d'Agilulf – Théodelinde.		568 Léovigilde détruit la domination des Suèves.			
574 Mort de Sigebert – Childebert 2 lui succède.					574 Tibère 2.	
					582 Maurice	
584 Mort de Chilpéric, – Clotaire 2.			586 Récarède le Catholique. – Les Visigoths renoncent à l'Arianisme.			
587 Traité d'Andelot.		Établissement du Christianisme dans le Royaume de Kent.				590 Pontificat de Grégoire Le Grand.
593 Mort de Gontran – Nouvelles guerres.						
596 Childebert meurt, ses fils Théodebert et Thierry lui succèdent en Austrasie.						

7ème Série – Mahomet ; Monarchies musulmanes en Orient.

France.		Italie.	Angleterre.	Espagne.	Empire des Arabes.	Empire d'Orient.	Eglise.
Neustrie Clotaire 2	**Austrasie** Brunehaut gouverne pour ses petits fils Théodebert 2 et Thierry 2. 612 Mort de Théodebert 2	Luttes fréquentes entre les rois lombards et les Empereurs d'Orient au sujet de l'Exarchat de Ravenne. L'Autorité spirituelle des Papes s'affermit. Rome ne leur appartient pas encore, cependant ils y exercent déjà une certaine influence.	L'Heptarchie continue de diviser les Anglo-Saxons. Des luttes sans intérêt et sans résultats occupent cette période de l'Histoire d'Angleterre.	Les Visigoths sont maîtres de tout le pays, mais occupés par des dissensions intestines 621 ou éblouis par le règne brillant de Suintilla, ils ne font rien pour détourner le coup dont ils sont menacés.		602 Phocas 610 Héraclius continue la guerre contre les Perses.	
613 Clotaire 2 seul roi par la mort de Thierry 2. Supplice de Brunehaut					622 Hégire de Mahomet, il institue une religion nouvelle.		
628 Dagobert 1er					632 Abou-Beckr 1er Calife. Commencement des conquêtes 634 Omar. Guerres en Perse et en Egypte.	631 Guerre malheureuse contre les Arabes. Perte de la Palestine et de la Syrie.	
638 Clovis 2 Gouvernement des Maires du Palais Ega	638 Sigebert 2 Pépin.					641 Mort d'Héraclius. Constantin Premier.. Héracléonas.. 643 Héracléonas chassé. Constantin deux. — Le reste du siècle est marqué par des guerres désastreuses	
650 Clovis 2 règne seul					644 Othman. Conquête de Chypre et de Rhodes 655 Ali. Guerres civiles		
656 Clotaire 3.	Childéric 2				660 Califat héréditaire dans la maison des Ommiades. Moavyah 1er. Malgré leurs divisions, les Arabes obtiennent des succès dans le Nord de l'Afrique		
670 Childéric 2 673 Thierry 3 678 Ebroin, Maire	674 Dagobert 2 Martin et Pépin Ducs						
687 Victoire de Testry. Pépin gouverne toute la France sous 4 rois. 691 Clovis 3 695 Childebert 3		696 Doges à Venise					

8ème Siècle – Charlemagne – Rétablissement de l'Empire d'Occident.

France.	Italie.	Angleterre	Espagne.	Empire des Arabes.	Empire d'Orient	Eglise.
Childebert 3 711 – Dagobert 3 (Gouvernement de Pépin d'Héristal)	Toujours partagée entre les Lombards et les Empereurs d'Orient l'Italie est souvent déchirée par les guerres qu'ils se font. 713 Luitprand, roi des Lombards est tour à tour l'ennemi de Léon l'Isaurien et du Pape.	Les Saxons de l'Ouest (Wessex) ont déjà acquis quelque prééminence et la réunion des sept royaumes qui ne sera définitivement opérée que sous Egbert en 827 commence à se préparer dès ce siècle.	710 Rodrigue 711 Invasion de l'Espagne par les Maures.	705 Walid 1er. Conquête de l'Afrique	Des princes qui se dépouillent successivement du trône, remplissent sans gloire les 1ères années de ce siècle.	
714 Mort de Pépin de 715 à 720 – Chilpéric 2 717 à 719 – Clotaire 4 719 Chilpéric réconcilié avec Charles Martel remonte sur le trône 720 – Thierry 4 (Gouvernement de Charles Martel)			714 Bataille de Xérès. Fin de la puissance des Chrétiens en Espagne. **Asturies** Pélage jette les fondements de la seconde Monarchie Espagnole.	Zamet, Ambiza (Gouverneurs de l'Espagne pour les Califes font en France des incursions inutiles)	716 Léon 3 l'Isaurien.	715 Grégoire 2. Le Pape résiste courageusement à Léon l'Isaurien.
					726 Commencement de l'hérésie des Iconoclastes.	731 Grégoire III
732 Bataille de Poitiers gagnée sur les Arabes par Charles Martel. 737 Mort de Thierry 4. – Interrègne de 4 ans. 741 Mort de Charles Martel			739 Alphonse le Catholique s'empare de la Galice.	732 Bataille de Poitiers où périt Abdérame	741 – Constantin 5. Copronyme.	741 Zacharie
742 Childéric 3 – Gouvernement de Pépin le bref 752 – Race Carlovingienne – Pépin le bref	750 Astolphe. Guerre contre Pépin roi de France. Il perd Ravenne. 756 Didier			749 Guerres entre les Ommiades et les Abassides 752 Dynastie des Abassides – Aboul Abbas 756 Division du Califat – l'Espagne forme un État particulier Califat d'Occident: 756 – Abdérame 1er Califat d'Orient: 756 – Almanzor		752-757 Étienne 2. 756 Puissance temporelle des Papes 772 Adrien 1er.
768 – Charlemagne 774 – Soumission des Lombards – Guerre contre les Saxons 778 Expédition en Espagne – Défaite de Roncevaux 787 – Conquête de la Bavière	774 – Fin du royaume des Lombards que Charlemagne réunit à ses états. L'Italie jusqu'à Bénévent, reconnaît son autorité. Venise tend déjà plus habile dans sa politique que les états dont elle est entourée échappe à sa domination.		791 Alphonse le Chaste – Guerre contre les Maures.	Califat d'Occident: Issem 1er Califat d'Orient: 786 Aaron al Raschild	775 Léon IV l'Arménien. 780 Constantin VI et Irène. 797 Irène seule.	795. 816 Léon III

9ème Siècle — Gloire des Maures — Féodalité dans l'Europe Occidentale.

Empire Franc.	Angleterre	Espagne	Califat d'Occid.t	Califat d'Orient	Empire d'Orient	Russie	Bohême	Pologne	Eglise.
800 Charlemagne Empereur		L'Espagne est toujours partagée entre les Chrétiens et les Maures.		800 Haroun al Raschid					Léon III
				813 Règne glorieux d'Al Mamoun	802 Nicéphore détrône Irène. 811 Stauracé. Michel Curopalate 813 Léon V l'Arménien				
814 Louis le Débonnaire 2e Empereur 817 Partage de l'Empire entre les fils de Louis le Débonnaire 818 Révolte et supplice de Bernard neveu de l'Empereur.					820 Michel le Bègue.				
	827 Egbert consomme la réunion de l'Heptarchie.		822 Règne glorieux d'Abdérame		829 Théophile.				
830 1re révolte des fils de Louis le Débonnaire 833 2e Révolte	838 Ethelwolf	830 Fondation du royaume chrétien de Navarre dans les provinces conquises par Charlemagne.							
840 Mort de Louis le Débonnaire guerre entre ses fils 841 Bataille de Fontenay		842 Ramire 1er		840 Règne de Motassem.	842 Michel III. Théodora sa mère met fin à l'hérésie des Iconoclastes.			842 Piast rétablit l'ordre dans le Gouvernement de la Pologne troublé par une anarchie de 12 ans. Il est regardé comme le fondateur de la Monarchie Polonaise	
843 Traité de Verdun — Partage définitif de l'Empire de Charlemagne France : Charles le Chauve. Ravages des Normands Allemagne : Louis le Germanique Italie : Lothaire. 855 Louis 2 Empereur	858 Ethelbald 860 Ethelbert 866 Ethelred 1er	866 Alphonse 3 le Grand		La fin de ce siècle voit commencer la décadence du Califat d'Orient. L'Egypte se rend indépendante sous les Fatimites.	867 Michel détrôné par Basile le Macédonien	862 Fondation de la Monarchie Russe par Rurik		861 Ziemovit fils de Piast, introduit la discipline dans les armées — Ses descendants règnent jusqu'au 14ème siècle.	
	870 Règne glorieux d'Alfred le Grand; [illegible]								870 Commencement du Schisme grec 872 Jean VIII
France : 875 Charles le Chauve Empereur. Traité de Kiersy. Féodalité. 877 Règne de Louis le Bègue. 879 Louis III et Carloman Allemagne : 876 Mort de Louis le Germanique. Partage entre ses fils [illegible] Italie : 875 Mort de Louis 2. 877 Carloman Empereur de l'Italie									
884 Charles le Gros 2e fils de Louis le Germanique réunit l'Empire. 885 Siège de Paris par les Normands. 1re invasion des Hongrois sous Arpade. 888 Déposition de Charles le Gros. [illegible] les trois Royaumes.									
France : 888 Eudes Comte de Paris, Roi. 898 Charles le Simple Allemagne : 888 Arnould fils naturel de Carloman. Vers la fin du siècle, il est couronné Empereur et Roi d'Italie Italie : Gui de Spolète et Bérenger duc de Frioul se disputent l'Italie.							890 Borziwoy Duc embrasse le Christianisme.		

10ème Siècle — Othon-le-Grand ou l'Empire d'Occident passant aux Allemands.

France	Allemagne	Italie	Angleterre	Espagne — Maures	Espagne — Chrétiens	Arabes d'Orient	Russie	Hongrie	Empire d'Orient	Eglise.
	900 Louis l'Enfant, dernier Empereur Carlovingien		901 Mort d'Alfred le Grand		La guerre, comme toujours, continue entre les deux peuples avec des succès divers.	908 Dynastie des Fatimites en Egypte.				
912 Établissement des Normands sous Rollon.	911 Conrad de Franconie			912 Règne d'Abdérame 3				912 Commencement de la Monarchie Hongroise. Courses en Italie et sur les frontières de France		
923 Déposition de Charles le Simple; Raoul Roi.	919 Maison de Saxe. Henri l'Oiseleur	922 Rodolphe déjà Roi de la Bourgogne Transjurane. 926 Hugues roi de Provence	924 Athelstan		924 Alphonse 4 l'Aveugle.					
	933 Bataille de Merseburg							933 Défaite de Merseburg		
936 Louis 4 d'Outremer. Guerre civile contre les Normands. Puissance de Hugues le Grand	936 Othon le Grand			938 Bataille de Simancas perdue par Abdérame	938 Ramire 2, Roi de Léon, bat les Maures à Simancas.					
		945 Lothaire 2.	940 Edmond 946 Edred			946 Dynastie des Bouïdes en Perse.				946 Agapet 2. Conversion des Danois.
954 Lothaire 2 - Hugues Capet Comte de Paris.	955 Bataille d'Augsbourg gagnée sur les Hongrois	950 Mort de Lothaire 2, dernier roi d'Italie. L'Empire passe aux Allemands dont l'autorité n'est jamais bien établie. Le pays est partagé en une foule de petits états, tels que les Comtés de Spolète, de Bénévent; les Villes libres de Gênes, de Venise. Rome ne reconnaît que l'autorité du Pape.	955 Edwy Puissance du Moine Dunstan. 959 Edgar	960 Mort d'Abdérame. Après lui la gloire des Maures s'éclipse rapidement.				955 Défaite d'Augsbourg qui oblige les Hongrois à suspendre leurs invasions.		
	962 Conquête de l'Italie par Othon le Grand. 973 Othon le Roux Guerres en Italie et en France	Le Midi de l'Italie est gouverné par des Généraux grecs ou Catapans.	975 Edouard le Martyr 978 Ethelred II Expéditions des Danois en Angleterre							965 Jean 13. Conversion des Polonais
978 Invasion de la Lorraine							980 Vladimir Grand Duc. Conversion des Russes.			
986 Louis 5. 987 Race des Capétiens. Hugues Capet. Guerre contre Charles de Lorraine. 996 Robert le Pieux. La Bourgogne est un instant réunie à la Couronne.	983 Othon 3. Le Sanguinaire 984 Création du Margraviat d'Autriche et du Comté de Hollande					998 Dynastie des Gaznévides dans l'Inde.		986 Introduction du Christianisme 1000 Étienne 1er Roi de Hongrie.		986 Jean 16. Conversion des Russes 996 Grégoire 5. 998 Sylvestre 2.

11ème Siècle. Réaction de l'Orient contre l'Occident. Commencement de la civilisation européenne.

France	Angleterre	Allemagne	Espagne — Chrétiens (Navarre)	Espagne — Maures	Italie	Asie	Empire d'Orient	Eglise
996-1031. Robert le Pieux.	978-1016. Ethelred II	983-1002 Othon III	1000 Sanche le Grand					998-1003 Sylvestre II.
	1001 Impôt du Danegeld établi sur les Anglo-Saxons en faveur des Danois. Massacre des Danois, le jour de St Brice.	1002 Henri II le Saint ou le Boiteux		1010 Commencement de la Division du Califat de Cordoue.	1006 1ère expédition des Normands en Italie, ils délivrent Salerne			
	1013 Fuite d'Ethelred II. Suénon se fait nommer Roi d'Angleterre. 1015 Canut le Grand, par son habile politique se fait chérir des Anglais				1016 300 Chevaliers Normands passent en Italie, et 9 ans après Rainulfe, leur Chef obtient le Comté d'Aversa. 1017 1ère Alliance de Pise et de Gênes			
1031 Henri 1er. Guerre contre son frère Robert, il lui donne la Bourgogne en 1032, et ce Prince commence la 1ère maison de ce nom		1024 Conrad II le Salique. Maison de Franconie. 1033 Conrad hérite des deux Bourgognes	1035 Mort de Sanche le Grand partage de ses états entre ses 4 fils	1035 Démembrement définitif du Califat de Cordoue; 9 royaumes s'élèvent sur ses ruines				
	1036 Harold. 1040 Hardi Canut. 1042 Edouard le Confesseur	1039 Henri III, le Noir. Guerre de Lorraine			1043 Les Normands à Naples, ils dépossèdent les Catapans. 1050 Prise de la Sardaigne par les Pisans, et de la Corse par les Génois. 1053 Bataille de Civitella où les Normands font prisonnier le Pape Léon IX.	1037 Fin de la domination des Gaznévides, et commencement des Turcs Seljoucides sous Togrul-Beg	1042 Constantin 9. première attaque de l'Empire grec par les Turcs.	1049 Léon IX. 1053 Schisme de l'Église grecque.
		1056 Henri IV.			1057 Robert Guiscard, Duc de Pouille et de Calabre.	1055 Prise de Bagdad par Togrul Beg	1057 Isaac Comnène.	
1060 Philippe 1er. Régence de Baudouin V Comte de Flandre. 1071 Guerre contre la Flandre. Bataille de Cassel perdue par Philippe 1er	1066 Conquête de l'Angleterre par Guillaume le Conquérant	1074 Guerre contre les Saxons commencement de la querelle des investitures.	1073 Alphonse VI, Roi de Castille et de Léon. Ce Prince secondé par le Cid remporte de nombreux avantages sur les Maures		1072 Roger, Comte de Sicile.	1071 Alp-Arslan successeur de Togrul, s'empare de l'Arménie et de la Cappadoce	1081 Règne d'Alexis Comnène	1073 Avènement de Grégoire VII. 1074 Guerre des Investitures.
1087 Guerre contre Guillaume le Conquérant qui meurt la même année	1087 Guillaume le Roux			1086 Les Almoravides envahissent l'Espagne.				1085 Victor III succède à Grégoire VII mort à Salerne où l'avait accueilli Robert Guiscard. 1088 Urbain II reprend la guerre des investitures et prononce l'excommunication contre le Roi de France.
1095 1ère Croisade prêchée par le Pape Urbain II, au Concile de Clermont. 1099 Prise de Jérusalem.			1094 Fondation du Comté de Portugal par Henri de Bourgogne			1092 Mort de Malek dont la bravoure avait achevé la Conquête de l'Asie mineure et de la Syrie.	1095 Première Croisade	

12ème Siècle – Réaction de l'Occident contre l'Orient. Affranchissement des Communes. Renaissance du droit public.

France	Allemagne	Italie	Angleterre	Espagne		Portugal	Empire d'Orient	Suède	Asie	Église
				Maures	Chrétiens					
1108 Louis VI. 1113 Commencement de la guerre entre la France et l'Angleterre – Établissement des Communes favorisé par Louis VI 1119 Bataille de Brenneville perdue contre les Anglais. 1124 Invasion de l'Empereur Henri V. repoussée par Louis VI qui soutiennent les milices Communales.	1106 Henri V succède à son père Henri IV qui meurt dans la misère. 1122 Traité de Worms qui met fin à la Guerre des Investitures. 1125 Lothaire 2 de Supplembourg	1129 Commencement du Royaume de Naples sous Roger II 1133. Renaissance du droit public.	1100 Henri Ier Beau-clerc – Robert Courte-heuse après avoir essayé de ressaisir la Normandie, tombe entre les mains de son frère qui le retient prisonnier.	1108 Bataille d'Uclès gagnée par les Almoravides, sur Alphonse VI, roi de Castille et de Léon		1112 Alphonse Henriquez	1118 Jean Comnène surnommé Kalo (le Beau) son règne est marqué par des victoires sur les Hongrois et les Turcs.		1113 Fondation de l'ordre des Hospitaliers. 1118. Commencement de l'ordre des Templiers.	
1137 Louis VII. Guerre contre la Champagne – Incendie de Vitry	1138 Conrad III. Avènement de la maison de Souabe.		1135 Étienne de Blois – Guerre contre Mathilde			1139 Fondation du Royaume de Portugal par Alphonse Henriquez	1143 – Michel Comnène			1145 Eugène 3 deuxième croisade.
1147 Louis VII passe en Asie et y fait la 2e Croisade 1152 Répudiation d'Éléonore.	1147 Conrad III prend part à la 2e Croisade 1152 Frédéric Barberousse 1164-83 1re Ligue Lombarde.	1159 Alexandre III Pape arme l'Italie contre Frédéric 1. 1173 Changement dans la constitution de Venise. Origine du Grand Conseil.	1154 Henri Plantagenet. Mort de Thomas Becket 1172 Conquête de l'Irlande	1146. Invasion des Almohades. Fondation de la ville de Gibraltar 1172 Les Almohades s'emparent de l'Espagne Orientale	Institution des ordres religieux et militaires d'Alcantara, de Calatrava, de St Jacques et d'Avis	1147 Conquête de Lisbonne qui devient la Capitale du Portugal.		1157 Éric en Suède. Introduction du Christianisme. 1168 Charles Sverkerson, venge la mort de son père.	1147 2e Croisade – Siège de Damas inutilement entrepris 1171 Les Ayoubites détruisent en Égypte le pouvoir des Fatimites.	1159 Alexandre 3 Conversion des Vaudois, Guerre contre Frédéric Ier
1180 Philippe Auguste 1189 Philippe Auguste prend part à la 3e Croisade.	1189 Frédéric part pour la croisade où il meurt l'année suivante. 1190 Henri VI. Il est [illegible] par ses [illegible]. 1197 Philippe de Souabe et Othon IV se disputent l'Empire.	1189 Tancrède à Naples. 1194 – Henri VI (Maison de Souabe)	1189 Richard Cœur de Lion le héros de la Croisade s'illustre par ses exploits en Asie. 1199 – Jean sans Terre	1195 Victoire d'Alarcos remportée sur les Chrétiens par [illegible]		1184 Bataille de Santarem où périt Youssef, chef des Almohades. 1185 Sanche Ier	1185 Isaac l'Ange		1187 Saladin prend Jérusalem. 1189 3e Croisade. 1191 Ordre Teutonique	1185 Urbain 3 Troisième croisade

13ème Siècle – Apogée et décadence de la papauté – Extension et affermissement du pouvoir royal sur la féodalité.

France	Angleterre	Allemagne	Italie	Espagne – Maures	Espagne – Chrétiens	Portugal	Asie	Empire d'Orient	Amérique	Église
1204 Conquête de la Normandie, des terres de Jean sans terre – Croisade contre les Albigeois.	1204 Jean sans terre perd la plus grande partie de ses possessions en France.	1208 Othon IV seul		1212 Décadence des Almohades.	1212 Bataille de Tolosa gagnée par les rois chrétiens.	1203 Sanche Ier enlève l'Alentejo aux Arabes		1204 4e Croisade – Empire Latin – Baudouin Ier	1204 Les Incas au Pérou	1208 Innocent III prêche la Croisade contre les Albigeois.
1213 Bataille de Muret gagnée par Simon de Montfort sur les Albigeois et sur Pierre d'Aragon.					1213 Règne glorieux de Jacques Ier roi d'Aragon.					
1214 Bataille de Bouvines	1215 Grande Charte signée par Jean sans terre 1216 Henri III	1214 Tentative d'invasion dirigée contre la France 1216 Frédéric II					1215 Conquête de Gengis Khan.			1215 Concile de Latran sous Innocent III
1223 Louis VIII, il continue la guerre contre les Albigeois.					1217 Ferdinand le Saint roi de Castille.	1223 Sanche II commence la réunion des Algarves qui donne au Portugal ses limites actuelles.	1217 Cinquième Croisade.			
1226 Louis IX le Saint			1226 Seconde ligue lombarde.							1227 Grégoire IX lutte contre Frédéric II
1229 Traité de Meaux qui met fin à la guerre des Albigeois					1234 La Navarre passe à Thibaut de Champagne.					
		1241 Ligue Anséatique.		1238 Fondation du royaume de Grenade.	1236 Conquête de Cordoue par Ferdinand de Castille. 1238 Prise de Valence par Jacques Ier roi d'Aragon					
1242 Bataille de Taillebourg et de Saintes. 1248 6e Croisade – prise de Damiette		1250 Conrad IV. grand interrègne	1250 Conrad IV empereur, règne à Naples		1248 Prise de Séville et de Cadix par Ferdinand III 1252 Alphonse X, le savant, roi de Castille.	1248 Alphonse III. Ce prince achève la conquête des Algarves.	1250 Mamelouks en Égypte			
		1256 Guillaume de Hollande 1257 Richard et Alphonse	1258 Mainfroy à Naples 1259 Torriani et Visconti à Milan 1266 Charles d'Anjou à Naples 1268 Mort de Conradin					1261 Nouvel empire grec Michel Paléologue		1261 Urbain IV
1269 Pragmatique sanction 1270 7e Croisade Philippe le Hardi	1272 Édouard premier	1273 Rodolphe de Habsbourg			1276 Pierre d'Aragon	1279 Denis, père de la patrie	1280 Mongols à la Chine			1281 Martin IV
1285 Philippe le Bel. Guerre en Aragon			1282 Vêpres siciliennes 1290 Destruction de Pise par les Génois.		1284 Sanche le Brave, roi de Castille					
	1291 Guerre avec la France.	1292 Adolphe de Nassau								1294 Boniface VIII
1297 Soumission de la Flandre.	1298 Guerre en Écosse.	1298 Albert. – Guerre contre les Suisses.					1300 Maison Ottomane en Bithynie.			1300 Institution du Jubilé.

14ème Siècle — Admission du peuple dans les affaires de l'État — Esprit d'émancipation et de liberté manifesté par des révoltes ou des associations — la papauté continue à déchoir.

France	Angleterre	Allemagne	Italie	Espagne — Maures	Espagne — Chrétiens	Portugal	Asie	Suisse	Écosse	États du Nord	Église
1302 Première convocation des États Généraux. Bataille de Courtray. 1304 Bataille de Mons-en-Puelle, gagnée sur les Flamands.				Pendant la première moitié de ce siècle, les Maures de Grenade unis aux Mérinides, tribus de l'Afrique, profitant de la minorité des rois de Castille Ferdinand IV et Alphonse XI, essayent de rétablir la suprématie musulmane, mais une victoire remportée sur les bords du Salado 1340, et la prise d'Algésiras 1344 les rendent à jamais impuissants... Dès lors l'Afrique ne se trouve plus en guerre avec la Péninsule que pour sa propre défense.		1279 à 1325 Communes.					1303 Benoît IX. 1305 Clément V. Pape à Avignon.
1307 Abolition des Templiers.	1307 Édouard II.	1308 Guerre contre la Suisse. Henri VII de Luxembourg.	1309 Robert le Sage à Naples. 1310 Conseil des Dix à Venise.					1308 Confédération helvétique.	1306 Robert Bruce. Guerre avec l'Angleterre.		
1314 Louis X, le Hutin. Affranchissement des serfs. 1316 Philippe le Long. 1322 Charles IV le Bel. Guerre contre Édouard II en Guyenne. Fin de la Branche Capétienne.		1314 Louis de Bavière et Frédéric d'Autriche.			1312 Alphonse XI, roi de Castille, [illegible] enfants de la Cerda.		1310 Chevaliers de Saint-Jean à Rhodes.				
1328 Philippe de Valois. Bataille de Cassel gagnée sur les Flamands.	1327 Édouard III. 1328 Prétentions d'Édouard III à la Couronne de France.	1328 Louis de Bavière se fait reconnaître par les Italiens. Jean XXII l'excommunie.			1325 Conquête de la Sardaigne par Jacques II, Roi d'Aragon. 1327 Alphonse IV roi d'Aragon. 1328 Maison d'Évreux en Navarre.	1325 Alphonse IV. Son fils, après l'assassinat d'Inès de Castro, se révolte contre lui.	1326 Orkhan succède à Othman son père.		1329 David II succède à Robert Bruce son père.		Jean XXII. Sa lutte hostile à l'Empereur Louis de Bavière.
1339 Bataille navale de l'Écluse perdue par les Français. 1341 Commencement de la Guerre de Succession en Bretagne.	1339 Édouard s'allie aux Flamands pour faire la guerre à la France.				1336 Pierre IV le Cruel en Aragon.				1331 Édouard Baillol détrône David. 1342 David rétabli.		
1346 Bataille de Crécy perdue contre les Anglais. 1347 Siège de Calais. 1350 Jean II le Bon. 1356 Bataille de Poitiers. Captivité du Roi. 1357 États Généraux [illegible] par les libertés qu'ils professent. 1358 Jacquerie. 1360 Traité désavantageux de Brétigny. 1364 2e maison de Bourgogne. Charles V. Bataille de Cocherel. 1365 Fin de la guerre de Bretagne. Le parti de Montfort triomphe. 1366 Grandes Compagnies. Les Anglais perdent la plus grande partie de leurs conquêtes.	1346 Bataille de Nevil's Cross gagnée par la Reine d'Angleterre sur David Bruce qui est fait prisonnier. Gloire du Prince de Galles.	1349 Charles IV de Luxembourg abandonne les derniers droits de l'Empire sur l'Italie.	1343 Jeanne Ire à Naples. 1347 Rienzi, tribun de Rome.		1350 Pierre le Cruel, Roi de Castille.	1357 Pierre le Justicier venge la mort d'Inès.	1360 Amurat. Turcs en Europe.				1342 Pontificat de Clément VI. Rapports [illegible] Charles IV à Louis de Bavière.
	1377 Richard II.	1378 Venceslas.			1368 Henri de Transtamare [illegible] Pierre le Cruel.	1367 Ferdinand Ier, dernier prince de la Maison de Bourgogne.	1369 Tamerlan.		1371 Avènement des Stuarts. Robert.		1371 Grégoire XI. 1378 Grand schisme.
1380 Charles VI. Maillotins. 1382 Bataille de Rosebecque gagnée sur les Flamands. 1392 Démence de Charles VI.	1399 Rose rouge ou Maison de Lancastre. Henri IV détrône Richard.		1382 Charles de Duras à Naples. Mort de Louis d'Anjou.			1383 Maison d'Avis. Jean le Grand.	1389 Bajazet.			1397 Union de Calmar. Marguerite de Valdemar.	

15ème Siècle — Siècle des découvertes.

Partout la Royauté domine et devient absolue; l'unité politique et administrative s'établit et les lettres renaissent dans l'Occident.

France	Angleterre	Écosse	Allemagne	Hongrie	Italie	Espagne		Portugal	Russie	Turquie	Empr d'Orient	Église
						Maures	Chrétiens					
1404 Jean sans peur, duc de Bourgogne succède à Philippe le Hardi 1407 Assassinat du duc d'Orléans 1409 Commencement des factions des Bourguignons et des Armagnacs 1415 Bataille d'Azincourt 1419 Assassinat de Jean sans peur par Philippe le Bon 1420 Traité de Troyes 1422 Charles VII. Batailles malheureuses de Crevant, de Verneuil 1429 Jeanne d'Arc à Orléans. Sacre du Roi 1431 Mort de Jeanne d'Arc 1436 Prise de Paris 1438 Pragmatique sanction 1440 Praguerie 1453 Expulsion des Anglais 1456 Le Dauphin se retire en Bourgogne 1461 Louis XI 1465 Ligue du bien public. Bataille de Montlhéry. Traité de Conflans 1467 Charles le téméraire, duc de Bourgogne 1468 Entrevue de Péronne 1471 Traité de Pecquigny 1472 Siège de Beauvais. Jeanne Hachette 1476 Bataille de Granson et de Morat 1477 Mort de Ch. le téméraire. La Bourgogne réunie à la France 1479 Bataille de Guinegate. de la Provence 1481 Réunion de l'Anjou, du Maine 1483 Charles VIII 1484 États de Tours 1488 Bataille de St Aubin 1491 Mariage de Charles VIII avec Anne de Bretagne 1494 Expédition en Italie 1495 Prise de Rome, de Naples. Ligue contre la France. Bataille de Fornoue 1496 Évacuation du Royaume de Naples 1498 Louis XII	1413 Henri V Succès en France 1422 Henri VI. Régence des Ducs de Bedford et de Gloucester Perte des terres pr. les Anglais qui perdent tout ce qu'ils possèdent en France à l'exception de Calais. 1452 Commencement de la guerre des deux roses 1460 Bataille de Wakefield. Mort de Richard d'York. Édouard IV d'York. Captivité d'Henri VI 1470 Henri VI rétabli 1471 Bataille de Tewkesbury qui rend le trône à Édouard 1483 Édouard V. Richard III 1485 Bataille de Bosworth. Avènement des Tudors. Henri VII	1406 Jacques Ier 1437 Jacques II Jacques III 1488 Jacques IV	1400 Robert 1411 Sigismond, Empereur, Roi de Bohême et de Hongrie. Son règne jusqu'en 1436 est troublé par les troubles des Hussites et autres désordres. 1438 Maison d'Autriche ou de Hapsbourg. Albert II Empereur et roi de Bohême et de Hongrie 1440 Frédéric III 1493 Maximilien premier Empereur	1440 Ladislas VI roi de Pologne et de Hongrie 1444 Bataille de Varna perdue contre les Turcs 1453 Ladislas V. Jean Hunniade 1458 Mathias Corvin, règne glorieux	1400 Maison des Médicis à Florence 1414 Jeanne II à Naples 1417 Louis III d'Anjou à Naples 1434 Côme de Médicis 1435 Alphonse V roi d'Aragon chasse René d'Anjou du Royaume de Naples 1451 Maison des Sforza à Milan 1458 Ferdinand Ier à Naples fonde une nouvelle dynastie 1464 Pierre de Médicis à Florence 1472 Laurent et Julien de Médicis 1479 Venise paie tribut aux Turcs 1492 Pierre II de Médicis 1495 Ferdinand II à Naples	Abandonnés à eux-mêmes, affaiblis par des guerres civiles entre les différents princes et les différentes tribus, les Maures, battus sous le règne de Jean II, Roi de Castille, essayent pourtant encore de profiter des désordres du règne d'Henri IV pour ressaisir quelque puissance. Le mariage d'Isabelle de Castille et de Ferdinand d'Aragon démonte leurs efforts et la contre-guerre leur porte les derniers coups. 1485 Boabdil dernier roi des Maures 1492 Prise de Grenade. Fin de la domination des Maures. Découverte de l'Amérique.	1406 Jean II Roi de Castille 1416 Alphonse V Roi d'Aragon 1435 La Maison d'Aragon acquiert le royaume de Naples 1454 Henri IV en Castille, règne agité par des guerres civiles 1458 Jean II roi d'Aragon et de Navarre 1479 Réunion de la Castille et de l'Aragon, suite du mariage de Ferdinand et d'Isabelle	1438 Alphonse V l'Africain 1481 Jean II 1486 Découverte du Cap de bonne espérance 1495 Emmanuel le Grand 1498 Vasco de Gama double le Cap de bonne espérance	1462 Ivan III, second fondateur de l'Empire Russe 1477 La Russie est affranchie du joug des Tartares	1402 Bataille d'Ancyre perdue par Bajazet 1413 Mahomet Ier 1421 Amurat II 1444 Amurat bat les chrétiens à Varna 1451 Mahomet II 1453 Prise de Constantinople — Fin de l'Empire d'Orient 1481 Bajazet II	1391–1425 Manuel Paléologue 1425 Jean VII Paléologue 1448 Constantin V Paléologue, dernier Empereur d'Orient	Concile de Constance qui condamne Jean Huss et Jérôme de Prague et met fin au schisme d'Occident 1417 Martin V ratifie tous les décrets du Concile de Constance en matière de foi 1431 Concile de Bâle. Eugène IV 1447 Nicolas V rétablit définitivement la paix dans l'Église Alexandre VI

16ème Siècle – Siècle littéraire – Époque de régénération – Développement de l'esprit humain

France

Louis XII.

1500 Révolte du Milanais
1501 Alliance avec l'Empereur pour la conquête de Naples
1503 Défaites de Seminara et du Garigliano
1508 Ligue de Cambray contre Venise
1509 Victoire d'Agnadel
1511 Sainte ligue contre les Français
1512 Prise de Brescia – Bataille de Ravenne gagnée par Gaston de Foix
1513 Nouvelle ligue – Défaite de Novare et de Guinegate
1515 François 1er Victoire de Marignan
1517 Paix de Fribourg avec les Suisses
1519 Prétentions de François 1er à l'Empire
1521 Commencement de la Guerre contre Charles Quint
1523 Révolte du Connétable de Bourbon
1524 Défaite de Rebec. Mort de Bayard
1525 Bataille de Pavie. François 1er prisonnier
1529 2e guerre contre l'Empire. Traité de Cambrai
1535 3e Guerre – Ruine de la Provence. Trêve de Nice
1542 4e Guerre contre l'Empire
1544 Victoire de Cérisoles. – Traité de Crépy
1547 Henri 2.
1552 Prise de Metz – de Toul, de Verdun. – Trêve de Vaucelles
1554 Bataille de Renti
1557 Défaite de St Quentin – Prise de Calais.
1559 Paix de Cateau-Cambrésis – François 2
1560 Conjuration d'Amboise – Charles IX.
1562 Massacre de Vassy. – Bataille de Dreux
1569 Bataille de Jarnac et de Moncontour
1572 Massacre de la St Barthélemy
1574 Henri 3
1577 Sainte Ligue. Henri 3, Chef
1585 Guerre des trois Henri
1587 Bataille de Coutras gagnée par Henri de Bourbon
1588 Barricades. Assassinat du Duc et du Cardinal de Guise
1589 Henri IV. Victoire d'Arques
1590 Siège de Paris
Bataille d'Ivry
1593 Abjuration de Henri IV
1595 Bataille de Fontaine-Française, mécontentement de la Ligue
1598 Paix de Vervins – Édit de Nantes

Angleterre

Henri VIII.

1509 Henri 8
1513 Guerre contre la France et l'Écosse. Bataille de Flodden
1519 Charles Quint gagne Wolsey
1527 Divorce de Henri 8
1534 Schisme d'Angleterre
1547 Édouard VI
1553 Jeanne Gray
Marie Tudor, son mariage avec Philippe 2
1558 Élisabeth
1562 Élisabeth soutient les protestants
1568 Marie Stuart se réfugie en Angleterre
1587 Mort de Marie Stuart
1588 Destruction de l'Armada

Écosse

Jacques IV.

1513 Bataille de Flodden – Mort de Jacques IV – Jacques V
1542 Marie Stuart
Réforme introduite en Écosse
1559 Querelles de Marie Stuart et d'Élisabeth
1567 Jacques VI.

Allemagne

Maximilien Ier

1500 Division de l'Empire en grands cercles
1513 Maximilien organise une ligue contre la France
1517 Luther
1519 Charles Quint
1521 Guerre entre l'Empire et la France
1527 Prise de Rome par les Impériaux
1529 Siège de Vienne
1530 Diète et Conf. d'Augsbourg
1532 Ligue de Smalkalde entre les Protestants
1555 Paix d'Augsbourg, liberté de conscience
1556 Abdication de Charles Quint – Ferdinand 1er
1564 Maximilien 2
1576 Rodolphe 2
1579 Guerre entre les Turcs et la Hongrie

Église

Alexandre VI

1503 Mort d'Alexandre 6 – Jules 2.
1508 Ligue de Cambray contre Venise
1511 Jules 2 Chef de la Ste Ligue
1513 Léon X favorise les lettres et les arts. Construction de l'église St Pierre
1517 Commencement de la réforme de Luther
1523 Clément 7
1527 Prise de Rome
1534 Paul 3
1540 Institution de l'ordre des Jésuites
1545 Concile de Trente
1563 Fin du Concile de Trente
1572 Grégoire XIII
1582 Réforme du Calendrier
1585 Sixte Quint

Italie

1500 Louis 12 maître du Milanais
1501 L'Espagne et la France s'emparent du royaume de Naples
1509 Bataille d'Agnadel perdue par les Vénitiens
1511 Les Vénitiens prennent part à la ligue sainte
1512 Succès des Français
1515 Victoire de Marignan – conquête du Milanais
1531 Alexandre de Médicis 1er Duc de Florence
1540 Charles Quint donne le Milanais à son fils Philippe 2
1545 Création du duché de Parme en faveur de L. Farnèse

Espagne

Ferdinand le Catholique.

1501 Conquête du Royaume de Naples
1511 Ligue contre la France
1516 Charles Quint succède à Ferdinand
1525 Découverte du Pérou par Pizarre
1556 Abdication de Charles Quint – Philippe 2
1580 Philippe 2 envahit le Portugal
1588 Défaite de l'invincible Armada
1598 Philippe 3.

Portugal

Emmanuel le Fortuné

1500 Découverte du Brésil
1510 Prise de Goa par Albuquerque
1521 Jean 3 ajoute de nouvelles conquêtes maritimes à celles de ses prédécesseurs
1557 Sébastien – La gloire du Portugal commence à s'éclipser
1578 Défaite et mort de Sébastien en Afrique – Henri 1er
1580 Philippe 2 s'empare du [illegible]

Guerres Religieuses — Monarchies absolues — Système Colonial.

Pays-Bas.	Suisse.	Pologne	Russie.	Danemarck.	Suède.	Empire Ottoman	Asie.	Afrique.
			Ivan III			*Bajazet II*		
	1500 Suisse en Italie						1501 Dynastie des Sofis en Perse.	
1506 Charles-Quint héritier des pays-bas		1506 Sigismond 1er	1505 Wasili 2.					
							1510 Albuquerque à Goa.	
						1512 Sélim 1er		
	1513 Réunion des 13 Cantons — Victoire de Novarre sur les Français 1515 Affaire de Marignan 1516 Paix de Fribourg, perpétuelle avec la France? Réforme de Zwingle	1514 Prise de Smolensk par les Polonais.						1516 Barberousse à Alger
				1520 Christiern 2 s'empare de la Suède.	1523 Gustave Wasa	1517 Chute des Mameluks en Égypte. 1520 Soliman 2. 1522 Prise de Rhodes.		
		1525 Albert de Brandebourg reçoit la Prusse comme fief de la Pologne.		1527 Adoption du Luthéranisme.	1529 Introduction du Luthéranisme.	1529 Siège de Vienne.	1525 Fondation de l'Empire du Mogol. Baber.	
	1531 Défaite des réformés et mort de Zwingle 1535 Genève adhère à la Confédération. 1537 Calvin à Genève.		1533 Ivan 4. le terrible.					1541 Charles-Quint à Alger
		1548 Sigismond Auguste.	1552 Prise de Kasan. 1554 Prise d'Astrakan sur les Tartares.					
						1566 Sélim 2		
1567 Tyrannie du Duc d'Albe 1568 Supplice des Comtes d'Egmont et de Horn.				1568 Jean 3 veut rétablir le Catholicisme. 1570 Paix de Stettin entre la Suède et le Danemark.		1571 Prise de Chypre — Défaite de Lépante.		
		1573 Henri, Duc d'Anjou élu Roi de Pologne.						
1577 Don Juan gouverneur des pays-bas. 1578 [illegible], Duc de Parme. 1579 Union d'Utrecht. Guillaume d'Orange Stathouder. 1584 Assassinat de Guillaume. Maurice.			1584 Fedor					
1588. 609 Succès de Maurice. 1590 Le Duc de Parme fait lever le siège de Paris.		1587 Sigismond 3.						
					1592 Sigismond Roi de Suède et de Pologne.			
			1598 Fin de la Dynastie de Rurik.					

17ème Siècle — [illegible] Littéraire – Fin des guerres religieuses – Rapports réguliers entre les peuples

France

Henri IV

1600 Mariage du Roi avec Marie de Médicis.
1602 Exécution de Biron.
1610 Assassinat de Henri IV. – Louis XIII. – Marie de Médicis, Régence de [illegible].
1614 Commencement des troubles.
1621 Guerre contre les Protestants.
1627-28 Siège et Prise de la Rochelle.
1629 Guerre heureuse en Italie.
1631 Marie de Médicis quitte la France. – Traité avec Gustave Adolphe.
1632 Guerre civile. Combat de Castelnaudary – Captivité et mort du Duc de Montmorency.
1635 Guerre contre la maison d'Autriche.
1639 Perte de Thionville. Mort de Louis XIII.
1642 Exécution de Cinq-Mars et de Thou. – Reddition de Perpignan. Mort de Mie de Médicis et de Richelieu.
1643 Louis XIV. Régence d'Anne d'Autriche. – Victoires de Rocroy, Fribourg, gagnées par Condé.
1645 Victoire de Nordlingue.
1648 Victoire de Lens. Traité de Westphalie. Acquisition de l'Alsace. – La Fronde.
1653 Fin de la Fronde. – Condé en Espagne.
1654 Alliance avec le Protecteur.
1658 Bataille des Dunes gagnée sur les Espagnols.
1659 Traité des Pyrénées. – Mariage du Roi. Mort de Mazarin – Colbert Ministre.
1663 Louis XIV déclare la guerre à Alexandre VII.
1665 Guerre avec l'Espagne.
1668 Traité d'Aix-la-Chapelle.
1672 Guerre contre la Hollande.
1674 Victoire de Senef. Messine se donne à la France.
1676 Bataille navale d'Agosta gagnée par Duquesne. – Mort de Ruyter.
1677 Philippe d'Orléans vainqueur à Cassel.
1678 Paix de Nimègue. Acquisition de la Franche Comté.
1682 Affranchissement des libertés gallicanes.
1683 Bombardement d'Alger.
1685 Révocation de l'Édit de Nantes.
1688 Nouvelle guerre contre l'Europe.
1690 Victoires de Staffarde, de Fleurus.
1692 Défaite navale de la Hogue. – Victoire de Steinkerque.
1693 Victoire de Nerwinde.
1697 Traité de Ryswick.
1700 Guerre de la succession d'Espagne.

Angleterre & Écosse

Élisabeth | Jacques VI

1601 Exécution du Comte d'Essex.
1603 Réunion de l'Écosse et de l'Angleterre. – Maison des Stuarts. – Jacques I.
1605 Conjuration des poudres.
1625 Charles I. – Démêlés avec le Parlement.
1627 Tentative inutile de Buckingam pour secourir la Rochelle.
1642 Guerre civile entre le Roi et le Parlement.
1645 Charles I défait à Naseby.
1647 Charles I vendu aux Anglais par les Écossais.
1649 Exécution de Charles I. – Interrègne.
1653 Cromwell Protecteur.
1654 Alliance avec la France.
1655 Cession de Bombay par les Portugais.
1658 Richard Cromwell Protecteur.
1660 Abdication de Richard. – Charles II.
1668 Triple alliance avec la Hollande et la Suède.
1672-74 Guerre contre la Hollande.
1679 Décret de l'Habeas Corpus.
1685 Jacques II.
1688 2ème révolution. Les Stuarts perdent le trône. Usurpation de Guillaume d'Orange.
1690 Défaite de Jacques II à la Boyne.
1697 Traité de Ryswick.
1700 Guerre de la Succession d'Espagne.

Allemagne

Rodolphe II.

1612 Mathias II.
1618 Commencement de la guerre de trente ans.
1619 Ferdinand II.
1620 Victoire de Prague sur les Bohémiens.
1630 Gustave Adolphe appelé par les protestants.
1631 Bataille de Leipsick gagnée par le Roi de Suède.
1632 Bataille de Lutzen. Mort de Gustave.
1634 Assassinat de Walstein par ordre de Ferdinand II.
1637 Ferdinand III.
1639 Prise de Thionville sur les Français.
1645 Défaite et mort de Mercy à Nordlingue.
1648 Traité de Westphalie. Paix de Munster. – Fin de la Guerre de trente ans.
1658 Léopold I.
1663 Diète perpétuelle.
1664 Victoire de St Gothard sur les Turcs. Paix de Temeswar.
Alliance avec la Hollande et l'Espagne contre la France.
1674 Ravage du Palatinat.
1678 Paix de Nimègue.
1683 Siège de Vienne par les Turcs que repousse J. Sobieski.
1687 Hongrie héréditaire dans la maison d'Autriche.
1688 Nouvelle guerre contre la France. Prise de Belgrade sur les Turcs.
1697 Paix de Ryswick – Victoire de Zentha gagnée sur les Turcs par Eugène.
1699 Paix de Carlowitz.

Espagne.

Philippe III.

1609 Complète expulsion des Maures.
1621 Philippe IV.
1635 Guerre avec la France.
1640 Philippe IV. – Révolte de la Catalogne et du Portugal.
1647 Révolte de Naples.
1654 Condé se réfugie en Espagne.
1658 Défaite des Dunes.
1659 Paix des Pyrénées. – Abandon de l'Artois.
1665 Charles II. – Guerre avec la France.
1668 Traité d'Aix-la-Chapelle. – Alliance avec la Hollande et l'Empire contre la France.
1674 Invasion de la Franche Comté. Révolte de Messine.
1678 Paix de Nimègue. – Cession de la Franche Comté.
1688 Nouvelle Guerre contre la France.
1697 Paix de Ryswick.
1700 Avènement des Bourbons au trône d'Espagne. – Guerre de Succession.

Portugal

Réuni à l'Espagne

(Maison de Bragance,) Jean IV.
[illegible] Les Hollandais chassés du Brésil.
1656 Alphonse VI s'allie aux Anglais.
1667 Alphonse VI forcé d'abdiquer. Pierre II.

Italie.

Naple et le Milanais sont à l'Espagne.

1600 Henri IV inscrit au livre d'or de Venise.
1618 Conjuration du Duc d'Ossone à Venise.
1647 Révolte de Naples – Mazaniello.
1651-55 Guerre heureuse de Venise contre les Turcs.
1669 Les Vénitiens perdent Candie.
1674 Messine se donne à la France.
1676 Bataille navale d'Agosta gagnée par Duquesne. – Mort de Ruyter.
1678 [illegible] du Royaume de Naples par les Français.
1685 Conquête de Venise sur les Turcs.
1699 Paix de Carlowitz qui assure à Venise ses conquêtes en Morée.

Prépondérance de la France — Système d'équilibre — Extension du Commerce.

Eglise	Hollande.	Suède	Pologne.	Russie	Turquie.	Orient.
Clément VIII.	Maurice d'Orange.	Sigismond Roi de Pologne.			Mahomet III.	
1641 Jansénisme. 1655 Alexandre VII. 1676 Innocent XI. 1682 Déclaration du Clergé français sur les libertés de l'Église Gallicane. 1689 Alexandre VIII. 1691 Remise d'Avignon.	1609 L'Espagne reconnaît la République. 1625 Frédéric Henri succède à Maurice. 1635 Ligue contre la France. 1648 Exclusion du Brésil. Paix avec l'Espagne. 1668 Triple alliance avec la Suède et l'Angleterre. 1672 Guerre avec la France, l'Angleterre, passage du Rhin. 1673 Guillaume III. 1676 Défaite et mort de Ruyter à Agosta. 1677 Défaite du Prince d'Orange à Cassel. 1688 Guillaume III envahit l'Angleterre. 1692 Défaite de Steinkerque. 1693 Défaite de Nerwinde. 1697 Paix de Ryswick.	1604 Charles IX détrône Sigismond. 1611 Gustave Adolphe. 1630 Gustave Adolphe prend part à la guerre de Trente ans. 1631 Victoire de Leipzick. 1632 Victoire de Lutzen où Gustave périt. Avènement de Christine. 1654 Abdication de Christine. Maison de Deux-Ponts. Charles X. 1660 Charles XI. 1668 Triple alliance avec la Hollande et l'Angleterre. 1682 Réforme favorable à l'autorité Royale. 1697 Charles XII. 1699 Ligue de la Russie, de la Pologne, du Danemarck contre Charles XII.	1604 Sigismond conserve la Pologne. 1611 Prise de Smolensk sur les Russes. 1621 Guerre contre la Turquie. 1632 Les Russes reprennent Smolensk. 1648 Jean Casimir. Guerre pendant ce règne avec la Suède et la Russie. 1673 Sobieski bat les Turcs à Choczim. 1674 Jean Sobieski, Roi. 1683 Jean Sobieski oblige les Turcs à lever le siège de Vienne. 1689 Pierre I le Grand. 1699 Ligue de la Russie, de la Pologne, du Danemarck contre Charles XII.	1613 Maison de Romanoff. Michel. 1632 Prise de Smolensk sur les Polonais. 1645 Alexis. 1654 Établissement des Cosaques dans l'Ukraine. 1676 Fedor II. 1682 Fedor fait brûler les Chartes de privilège des Boyards. 1689 Pierre le Grand. 1693 1er Vaisseau construit à Arkangel. 1697 Pierre dans les Chantiers de Saardam. 1699 Ordonnance qui fixe le commencement de l'Année au 1er Janvier.	1623 Amurat IV. 1635 Prise d'Erivan sur les Perses. 1649 Mahomet IV. 1664 Défaite de St Gothard. Paix de Temeswar. 1669 Prise de Candie. 1673 Défaite de Choczim. 1683 Siège de Vienne. 1687 Soliman III. 1688 Perte de Belgrade. 1699 Paix de Carlowitz.	1604 Établissement des Français dans l'Inde. 1644 Conquête de la Chine par les Tartares Mandchoux. 1665 Cession de Bombay aux Anglais par les Portugais. 1658 Aureng-Zeb. 1669 Établissement des Français au Coromandel. 1676 Ils achètent Pondichéry.

18ème Siècle Développement du Système d'Equilibre – Etablissement du Crédi[t]

France	Angleterre	Allemagne	Espagne	Portugal	Italie
Louis XIV	Guillaume d'Orange	Joseph Ier	Philippe V.	Pierre II	
	1702 Anne.				
1704 Défaite de Hochstedt par Eugène 1706 Défaite de Ramilies par Malborough 1707 Victoire d'Almanza par Berwick.	1706 Victoire de Ramilies gagnée par Malborough.	1704 Victoire de Hochstedt sur la France 1707 Conquête du Royaume de Naples.	1707 Victoire d'Almanza	1706 Jean V	1707 Le Royaume de Naples conquis par l'Autriche.
1709 Défaite de Villars à Malplaquet 1710 Victoire de Villaviciosa en Espagne		1711 Charles VI.	1710 Victoire de Villaviciosa gagnée par Vendôme.		1711 Guerre de Venise contre les Turcs. Reprennent la Morée.
1712 Victoire de Denain gagnée par Villars 1713 Traité d'Utrecht avec toutes les puissances, excepté l'Empire. 1714 Traité de Rastadt avec l'Allemagne.	1713 Traité d'Utrecht. 1714 Maison de Brunswick Hanovre. George 1er.	1714 Traité de Rastadt qui met fin à la Guerre de Succession. 1715 Guerre avec la Turquie.	1713 Traité d'Utrecht.		1713 Cession de la Sicile au Duc de Savoie Victor Amédée.
1715 Louis XV. Régence du Duc d'Orléans.	1716 Descente du prétendant en Angleterre				
1717 Pierre le Grand en France – Système de Law. 1718 Quadruple alliance: Angleterre, Hollande, Empire.	1718 Quadruple alliance.	1718 Quadruple alliance. Paix de Passarowitz avec les Turcs.	1718 Guerre de la Quadruple alliance.		
			1720 Cession de la Sicile à l'Empire.		1720 Cession de la Sicile à l'Empire
1726 Ministère du Cardinal de Fleury	1721 Ministère de Walpole. 1727 George 2.	1725 Paix de Vienne avec l'Espagne.	1725 Paix de Vienne.		
1733 Guerre pour la Succession de Pologne.		1733 Guerre de la Succession de Pologne	1732 Prise d'Oran sur les Maures 1733 Guerre de la Succession de Pologne.		1731 Don Carlos, infant d'Espagne Duc de Parme et de Plaisance
1734 Conquête du Milanais. 1738 Paix de Vienne, Cession de la Lorraine à Stanislas 1740 Guerre de la Succession d'Autriche 1741 Invasion en Bohême.	1740 Guerre de la Succession d'Autriche.	1738 Paix de Vienne 1740 Marie-Thérèse épouse François de Lorraine. L'Europe lui dispute son héritage. 1741 Prise de Prague par le Maréchal de Saxe. 1742 Défaite de Molwitz par Frédéric. Abandon de la Silésie. Paix avec Frédéric	1734 Conquête de Naples sur l'Autriche par Don Carlos 1740 Guerre de la Succession d'Autriche		1738 Cession de la Toscane à François de Lorraine. Maison de Lorraine – François
1745 Victoire de Fontenay gagnée sur les Anglais	1745 Défaite de Fontenay. Des.te de Charles Edouard en Écosse 1746 Le Prétendant vainqueur à Preston Pans, vaincu à Culloden.		1746 Ferdinand IV.		
1748 Traité d'Aix-la-Chapelle.	1748 Traité d'Aix-la-Chapelle.	1748 Traité d'Aix-la-Chapelle.	1748 Traité d'Aix-la-Chapelle.	1750 Joseph Ier 1755 Tremblement de terre de Lisbonne.	1753 Découverte de Pompéïa

Prépondérance maritime et continentale de l'Angleterre – Décadence du pouvoir royal.

Eglise	Hollande	Suède	Pologne	Prusse	Russie	Turquie
Clément XI	Guillaume III	Charles XII.	Frédéric Auguste 1er	Frédéric Grand Duc	Pierre le Grand.	Mustapha II
1700 Clément XI.		Victoire de Narva sur les Russes			Défaite de Narva	
	1701 La Hollande prend parti pour l'Autriche.			1701 Prusse érigée en royaume Frédéric 1er	1703 Fondation de St Pétersbourg	1703 Achmet 3
		1704 Charles 12 place Stanislas sur le trône de Pologne.	1704 Stanislas Leckzinski			
	Revers des Français dans les Pays-bas.	1708 Victoire de Riga sur Pierre le Grand 1709 Défaite de Pultava. Charles 12 à Bender	1709 Frédéric Auguste rétabli par les Russes.	1709 Défaite de Pultava	1708 Défaite de Riga 1709 Victoire de Pultava sur Charles 12. 1711 Guerre contre la Turquie.	1709 Charles 12 en Turquie 1711 Guerre contre la Russie en [illegible]
	1713 Traité d'Utrecht assure les frontières de la Hollande	1714 Prise de la Finlande par Pierre le Grand. 1715 Prise de Stralsund par les Russes.	1715 Ligue de cinq puissances contre la Suède	1714 Guerre contre la Suède	1714 Conquête de la Finlande Fin de la guerre avec les Turcs. 1716 Ligue contre la Suède	1714 Traité de paix avec la Russie.
	1718 Quadruple alliance	1718 Siège de Fredrikshall. Mort de Charles XII 1719 Affaiblissement de l'autorité Royale			1717 Pierre le Grand en France	1718 Paix de Passarowitz conclue avec l'Autriche.
				1720 Acquisition de la Poméranie		1721 Guerre contre la Perse.
					1725 Catherine 1re 1727 Pierre 2. 1730 Anne.	
						1732 Défaite des Turcs par Kouli-Khan
			1733 Retour de Stanislas. il est chassé par les Russes. 1734 Frédéric Auguste 2.			
	1740 Guerre de la succession d'Autriche	Faction des bonnets et des Chapeaux. 1741 Guerre contre la Russie		1740 Guerre de la succession d'Autriche Conquête de la Silésie. 1741 Victoire de Molwitz	1740 Ivan VI 1741 Guerre avec la Suède. Élisabeth	
				1742 Restitution de la Silésie Paix avec Marie-Thérèse. 1745 Conquête de la Saxe.		1746 Paix avec la Perse.
	1747 Rétablissement du Stathoudérat Guillaume IV. 1751 Guillaume V					

(Suite du 18ème Siècle) Développement du Système d'équilibre – Établissement du Crédit.

France.	Angleterre	Allemagne	Espagne.	Portugal	Italie.
1756 Guerre de 7 ans contre l'Angleterre et la Prusse – Prise de Minorque et de Port-Mahon	1756 Guerre de 7 ans – Prise de Minorque et de Port-Mahon.	1756 Guerre de 7 ans...			
1757 Guerre en Hanovre... Défaite de Rosbach par les Prussiens – Perte de Chandernagor et de Pondichéry dans l'Inde.	1757 Succès des Français en Hanovre. Prise de Chandernagor et de Pondichéry.	1757 Défaite de Rosbach			
			1759 Charles III		1759 Ferdinand IV roi de Naples.
	1760 George III				
1763 Paix de Paris.	1763 Paix de Paris.	1763 Paix d'Hubertsbourg avec la Prusse			
		1765 Joseph II.			
1767 Réunion de la Lorraine à la France.					
					1768 Jésuites chassés de Naples et du Duché de Parme.
1769 Cession de la Corse par Gênes – Naissance de Napoléon					
1771 Dissolution du Parlement					
		1772 Démembrement de la Pologne.			
	1773 Insurrection de Boston				
1774 Louis XVI. Rappel du Parlement					
1776-81 Ministère de Necker					
1778 Reconnaissance des États-Unis. Guerre avec l'Angleterre. Combat naval d'Ouessant.	1778 Guerre avec la France et l'Espagne – Combat naval d'Ouessant		1778 Reconnaissance des États-Unis. Guerre avec l'Angleterre.	1777 Pierre III et Marie.	
1779 Tentative inutile contre Gibraltar.					
1782 Succès du Bailli de Suffren...	1782 Succès de l'Amiral Rodney...				
1783 Traité de Paris et de Versailles.	1783 Traité de Paris et de Versailles.		1783 Traité de Paris et de Versailles		
1787 Assemblée des Notables.		1787 Soulèvement des Pays-Bas Autrichiens.			
			1788 Charles IV.		
1789 États Généraux – Prise de la Bastille.					
1790 Division de la France en 83 Départements... Fête de la Fédération.		1790 Léopold II.			
1791 Fuite du Roi..		1791 Convention de Pilnitz contre la France			
1792 (10 Août) Massacres du 2 7bre. Valmy (Kellermann..) Jemmapes.. (Dumouriez)	1792 Guerre contre la France.	1792 Défaite à Jemmapes. – François II. 2e Démembrement de la Pologne.			
1793 Mort de Louis XVI, de la Reine, de Madame Élisabeth. Terreur. Vendée. Girondins.	1793 Succès des Alliés	1793 Coalition contre la France – Succès des alliés.	1793 L'Espagne entre dans la Coalition		1793 Naples entre dans la Coalition contre la France.
1794 Fleurus (Jourdan) 9 Thermidor, Chute de Robespierre.		1794 Fleurus. (Jourdan)	1794 Les Français pénètrent en Espagne		
1795 Conquête de la Hollande. – Défaite de Quiberon. Établissement du Directoire.		1795 Partage définitif de la Pologne..			
1796 Victoires de Montenotte. Lodi. Castiglione. Arcole. (par Bonaparte.)	1796 Victoires de Bonaparte en Italie et de Moreau en Allemagne...				1796 Traité de paix avec la France
					1796.1797 Victoires des Français en Lombardie
1797 Victoire de Rivoli.. Traité de Campo Formio. Congrès de Rastadt.		1797 Défaite de Rivoli. Traité de Campo-Formio.. Congrès de Rastadt			
1798 Expédition d'Égypte.. Victoires des Pyramides – d'Aboukir.. Siège de St Jean d'Acre.. Prise de Florence et de Venise par les Français.	1798 2ème Coalition.	1798 Nouvelle guerre contre la France.			1798 Prise de Florence par les Français
1799 Retour d'Égypte.. Consulat.	1799 Prise de Seringapatam. Mort de Tippo.		1799 Paix de Bâle.		1799 Prise de Naples. Ferdinand se réfugie en Sicile
1800 Passage du St Bernard		1800 Défaite de Marengo et de Hohenlinden.			

Prépondérance maritime et continentale de l'Angleterre — Décadence du pouvoir royal.

Eglise	Hollande	Suède	Pologne	Prusse	Russie	Turquie
				1756 Guerre de 7 ans. 1757 Victoire de Rosbach 1759 Guerre contre la Russie. 1763 Paix d'Hubertsbourg	1759 Guerre contre la Prusse 1762 Pierre III détrôné par Catherine II qui lui succède.	
			1764 Stanislas Auguste.			
					1768-74 Guerre contre la Turquie.	1768 Guerre avec la Russie.
1773 Clément XIV supprime l'ordre des Jésuites		1771 Gustave III. 1772 Rétablissement de l'autorité royale	1772 1er Partage de la Pologne.	1772 1er Partage de la Pologne.	1772 1er partage de la Pologne.. Prusse, Autriche.	
				1786 Frédéric Guillaume	1787 Guerres contre les Turcs... Victoires brillantes. 1789 Les Russes s'emparent d'Ismaïl	1787 Grands désavantages contre la Russie 1789 Prise d'Ismaïl par Souvarow
1791 Pie VI refuse d'approuver la constitution civile du clergé.		1792 Gustave IV.	1792 2e Démembrement de la Pologne	1791 Convention de Pilnitz 1792 Invasion en Champagne — Défaite de Valmy — 2e partage de la Pologne.	1791 Paix d'Iassy 1792 Coalition contre la France. 2ème partage de la Pologne.	1791 Paix d'Iassy
	1793 Succès des alliés					
	1795 Hollande conquise. Prise du Cap de Bonne espérance par les Anglais..		1795 3e Partage.	1795 Paix de Bâle..	1795 Partage définitif de la Pologne.	
1796 Prise de Bologne, de Ferrare et d'Ancone par les Français : Paix de Tolentino 1797 Prise de Rome — Pie VI conduit à Vienne, meurt à Valence. 1798 République Romaine. 1799 Prise d'Ancone par l'Autriche.					1796 Paul Ier 1797 Frédéric Guillaume III 1798 2e Coalition 1799 Conquêtes de Bonaparte en Italie. Défaite de Souvarow à Zurich	1798 Invasion des Français en Égypte. Guerre contre la France..

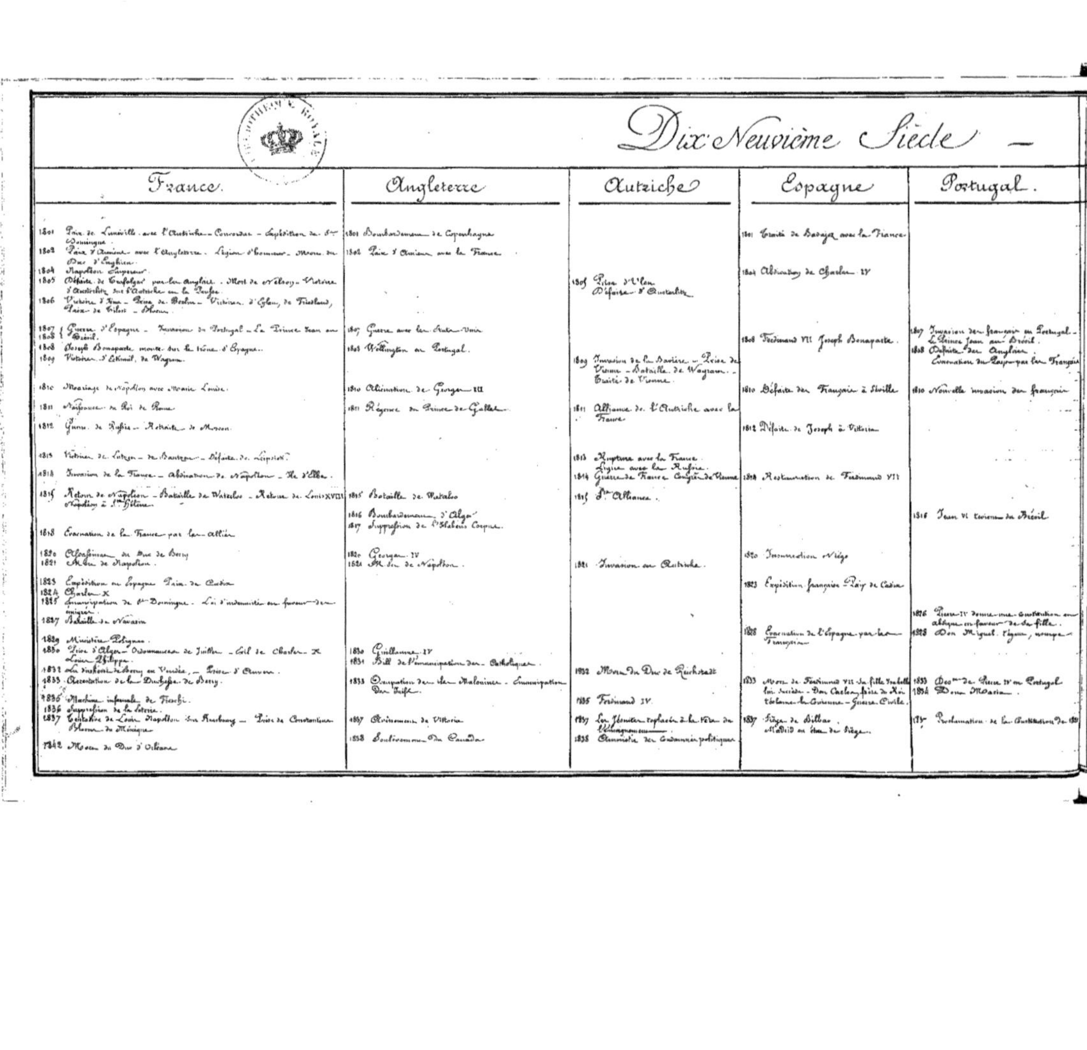

Dix-Neuvième Siècle —

France.	Angleterre	Autriche	Espagne	Portugal.
1801 Paix de Lunéville avec l'Autriche — Concordat — Expédition de St Domingue.	1801 Bombardement de Copenhague		1801 Traité de Badajoz avec la France.	
1802 Paix d'Amiens avec l'Angleterre. Légion d'honneur — Mort du Duc d'Enghien.	1802 Paix d'Amiens avec la France.			
1804 Napoléon Empereur.			1804 Abdication de Charles IV	
1805 Défaite de Trafalgar par les Anglais. Mort de Nelson — Victoire d'Austerlitz sur l'Autriche et la Prusse.		1805 Prise d'Ulm Défaite d'Austerlitz		
1806 Victoire d'Iéna — Prise de Berlin — Victoires d'Eylau, de Friedland, Paix de Tilsitt — Blocus.				
1807 1808 { Guerre d'Espagne — Invasion du Portugal — Le Prince Jean au Brésil.	1807 Guerre avec les États-Unis		1808 Ferdinand VII Joseph Bonaparte.	1807 Invasion des français en Portugal — Le Prince Jean au Brésil. 1808 Défaite des Anglais. Évacuation du Pays par les Français
1808 Joseph Bonaparte monte sur le trône d'Espagne.	1808 Wellington en Portugal.			
1809 Victoires d'Eckmühl, de Wagram.		1809 Invasion de la Bavière — Prise de Vienne — Bataille de Wagram — Traité de Vienne.		
1810 Mariage de Napoléon avec Marie Louise.	1810 Aliénation de George III		1810 Défaite des Français à Séville	1810 Nouvelle invasion des français
1811 Naissance du Roi de Rome	1811 Régence du Prince de Galles.	1811 Alliance de l'Autriche avec la France		
1812 Guerre de Russie — Retraite de Moscou.			1812 Défaite de Joseph à Vittoria	
1813 Victoires de Lutzen — de Bautzen — Défaite de Leipsick.		1813 Rupture avec la France. Ligue avec la Russie.		
1814 Invasion de la France — Abdication de Napoléon — Île d'Elbe.		1814 Guerre de France Congrès de Vienne	1814 Restauration de Ferdinand VII	
1815 Retour de Napoléon — Bataille de Waterloo — Retour de Louis XVIII Napoléon à Ste Hélène.	1815 Bataille de Waterloo	1815 Ste Alliance.		
	1816 Bombardement d'Alger			1816 Jean VI couronné au Brésil
	1817 Suppression de l'Habeas Corpus.			
1818 Évacuation de la France par les Alliés				
1820 Assassinat du Duc de Berry	1820 George IV		1820 Insurrection Riego	
1821 Mort de Napoléon.	1821 Mort de Napoléon.	1821 Invasion en Autriche.		
1823 Expédition en Espagne Prise de Cadix			1823 Expédition française — Prise de Cadix	
1824 Charles X				
1825 Émancipation de St Domingue — Loi d'indemnité en faveur des émigrés.				
				1826 Pierre IV donne une constitution et abdique en faveur de sa fille.
1827 Bataille de Navarin				
			1828 Évacuation de l'Espagne par les Français	1828 Don Miguel régent, usurpe —
1829 Ministère Polignac.				
1830 Prise d'Alger — Ordonnances de Juillet — Exil de Charles X Louis Philippe.	1830 Guillaume IV			
	1831 Bill de l'émancipation des Catholiques.			
1832 La Duchesse de Berry en Vendée, — Prise d'Anvers.		1832 Mort du Duc de Reichstadt		
1833 Arrestation de la Duchesse de Berry.	1833 Occupation des îles Malouines — Émancipation des Juifs.		1833 Mort de Ferdinand VII. Sa fille Isabelle lui succède — Don Carlos frère du Roi réclame la Couronne — Guerre Civile.	1833 Descente de Pierre IV en Portugal
				1834 Dona Maria.
1835 Machine infernale de Fieschi.		1835 Ferdinand IV.		
1836 Suppression de la Loterie.				
1837 Tentative de Louis Napoléon sur Strasbourg — Prise de Constantine Blocus du Mexique	1837 Avènement de Victoria	1837 Les Jésuites replacés à la tête de l'enseignement.	1837 Siège de Bilbao. Madrid en état de siège.	183[illegible] Proclamation de la Constitution de 1820
	1838 Soulèvement du Canada	1838 Amnistie des condamnés politiques		
1842 Mort du Duc d'Orléans				

Histoire Moderne.

Italie.	Eglise	Hollande	Suède et Danemarck.	Russie	Prusse	Turquie.
1801 Traité de paix entre la France et Naples — La Toscane forme le Royaume d'Étrurie	1801 Concordat entre Napoléon et Pie VII.		1800 Ligue du Nord contre l'Angleterre 1801 Bombardement de Copenhague.	1801 Alexandre 1er. Paix avec la France.	1801 Frédéric Guillaume III.	1801 Évacuation de l'Égypte.
	1804 Pie VII vient sacrer Napoléon.				1805 Défaite d'Austerlitz Traité de Presbourg	
1806 Prise de Naples. Le royaume est donné à Joseph.		1806 Érigée en royaume pour Louis Bonaparte.			1806 Guerre contre la France — Entrée des français à Berlin — Défaite d'Eylau, de Friedland — Paix de Tilsitt.	1807 Les Anglais s'emparent d'Alexandrie. Moustapha IV. 1808 Mahmoud II.
1808 Réunion de la Toscane à la France 1809 Murat, Roi de Naples	1809 Réunion de Rome à la France		1809 Gustave IV est forcé d'abdiquer — Charles XIII			
		1810 Incorporation de la Hollande à la France.	1810 Bernadotte adopté par Charles XIII.			
	1812 Pie VII pris à Fontainebleau			1812 Entrée des Français en Russie. Prise de Moscou, incendie de cette ville par les Russes. Passage de la Bérézina		
	1813 Concordat de Fontainebleau				1813 Alliance contre la France Défaite de Lutzen	
1814 Murat s'allie aux ennemis de la France 1815 Guerre de Murat contre l'Autriche. La Toscane et le Duché de Parme sont rendus à leurs légitimes possesseurs. Venise passe à l'Autriche. Murat fusillé.	1814 Pie VII retourne à Rome et rétablit les Jésuites.	1814 Royaume des Pays-Bas. Guillaume premier	1814 Le Danemarck perd la Norwège donnée à la Suède.	1814 Invasion en France.	1814 Acquisition de la Saxe et de la Prov. Rhénane. 1815 Bataille de Waterloo.	
						1819 Massacre de Parga
1820 Constitution			1821 Abolition de la noblesse norwégienne			1821 Insurrection des Grecs 1822 Mort d'Ali Pacha. Massacre de Scio.
	1823 Léon XII					
1825 François Ier.				1825 Mort d'Alexandre Ier. Nicolas Ier.		1826 Destruction des Janissaires
1827 Évacuation des Autrichiens.				1828 Guerre avec la Perse. 1830 Révolution de la Pologne 1831 Prise de Varsovie.		1828 Bataille de Navarin.
	1829 Pie VIII					
1830 Ferdinand II	1831 Grégoire XVI 1832 Prise d'Ancône par les français	1830 Révolution de la Belgique. Léopold, 1er roi des Belges. 1832 Guerre contre la Belgique. Prise d'Anvers par les français				1833 Guerre contre Méhémet Ali, Pacha d'Égypte qui obtient la Syrie.
				1836 Troubles à Cracovie.	1836 Troubles à Posen.	1836. Innovations de Mahmoud II.
1837 Révolution à Palerme et dans les Abruzzes.	1838 Évacuation d'Ancône	1838 Affranchissement du Luxembourg	1837 Mort de Gustave IV 1838 Troubles à Stockholm			
	1847 Pie IX.					

Tems Historiques. – Depuis la fondation de Rome 753 jusqu'à la destruction de l'Empire Romain d'Occident 476.

	Histoire Sainte		Assyrie			Perse.	Egypte.	Grèce.	Rome.
	Royaume de Juda.	Royaume d'Israël							
1re Époque. Tems législatif du 9e au 6e siècle.		888 Ochosias. 887 Joram (Élisée)							
	880 Joram, époux d'Athalie. 877 Ochosias, impie. 876 Athalie, usurpatrice. 870 Joas, impie.	876 Jéhu	Suite des Rois Indolents.						
								866 Législation de Lycurgue. 840 Fondation de Carthage, en Afrique, par Didon.	
		848 Joachaz							
		832 Joas							
	831 Amasias, impie.								
		817 Jéroboam II							
	803 Ozias ou Azarias, pieux.								
		776 Interrègne				Époque sans annales.	771 Anisis. 769 Sabacon Éthiopien.	776 Ire Olympiade. Ère des Grecs.	
		767 Zacharie. 766 Sellum. 766 Manahem s'allie avec Phul auquel il paie tribut.							
			759 Sardanapale dernier des 34 rois indolents est détrôné. Des débris du Royaume d'Assyrie sortent les Royaumes						
			de Babylone. 759 Bélésis.	de Ninive. 759 Phul.	de Médie. 759 Arbacès.				
		758 Phacéia. 753 Phacée.			Anarchie.				753 Fondation de Rome. Romulus 1er Roi.
	752 Joathan pieux.		747 Nabonassar. Ère de Nabonassar.					744 Ire Guerre de Messénie.	
				742 Téglathphalasar fait la guerre à Phacée roi d'Israël.					
	737 Achaz impie.								
		726 Osée, dernier Roi d'Israël.		724 Salmanasar détruit le royaume d'Israël.					
	723 Ézéchias pieux.								
		718 Fin du Royaume d'Israël.					719 Séthos vainqueur des Assyriens.		714 Numa Pompilius.
			710 Mérodach-Baladan.	712 Sennachérib. 711 Assaradon réunit les royaumes de Ninive et de Babylone.	709 Déjocès fonde Ecbatane.				
	694 Manassès. Supplice d'Isaïe.						671 Gouvernement des 12 Seigneurs.	684 2e Guerre de Messénie.	671 Tullus Hostilius. 667 Combat des Horaces et des Curiaces.
			667 Nabuchodonosor Ier.		657 Phraortès mis à mort par Nabuchodonosor.		656 Psammétichus.		
			647 Saracus ou Chinaladan.						639 Ancus Martius.
	640 Amon, impie. 639 Josias pieux. – Jérémie.		626 Nabopolassar Ier Gouverneur de Babylone ruine Ninive et force Saracus à se donner la mort.		634 Cyaxare Ier.				
							617 Néchao.	624 Dracon. 612 Usurpation de Cylon.	615 Tarquin l'Ancien.
	609 Joachaz, impie. 608 Éliakim ou Joakim, impie.		605 Nabuchodonosor II s'empare 4 fois de Jérusalem.						
							601 Psammis fils de Néchao.		

Temps Historiques. 1er Siècle – Toute puissance de Rome.

Rome.	Syrie.	Gaule Transalpine.	Égypte	Judée	Parthes.
91 89 Guerre sociale 88 Rivalité de Marius et de Sylla. 88 Guerre contre Mithridate Roi de Pont. Sylla reçoit le commandement. 87 Marius à Minturnes. – Sa rentrée à Rome. – Ses proscriptions. 86 Mort de Marius. – bataille de Chéronée et d'Orchomène. 84 Paix avec Mithridate.	96 Antiochus Grypus est assassiné. 94 Mort d'Antiochus de Cyzique, frère de Grypus. La Syrie est en proie à tous les désordres de l'anarchie.	La Gaule à cette époque est divisée en trois parties principales: la province romaine, le pays des Massiliens, et les différents états ou tribus des anciens habitants de cette contrée.			
82 Proscriptions de Sylla, il est nommé dictateur perpétuel. – 2e Guerre contre Mithridate.	83 Tigrane, Roi d'Arménie s'empare de la Syrie.				
81 Abdication de Sylla. – Commencement de César. 79 Mort de Sylla. 76 Succès de Sertorius en Espagne. – Métellus et Pompée sont chargés de le combattre. 73 Mort de Sertorius. – Révolte des esclaves. Spartacus. – Troisième guerre contre Mithridate. 70 Lucullus envahit le Royaume de Pont. – Naissance de Virgile.			81 Mort de Ptolémée Lathyre; sa fille Bérénice et Alexandre II 80 Alexandre meurtrier de Bérénice est chassé. Ptolémée Aulète.	79 Mort d'Alexandre Jannée. – Sa veuve Alexandra. 70 Mort d'Alexandra. Hyrcan II son fils. 69 Guerre civile excitée par Aristobule II 63 Pompée à Jérusalem. – Hyrcan II est reconnu.	69 Phraate III le Dieu.
66 Pompée remplace Lucullus en Asie, ses succès contre Tigrane et Mithridate.					
64 Fin de la Guerre Pontique. – Mort de Mithridate. – Pharnace. 63 Conjuration de Catilina. – Consulat de Cicéron. 60 Premier triumvirat. – Pompée, César et Crassus. 58 Commencement de la conquête de la Gaule Transalpine.	64 La Syrie est réduite en province romaine.	58 Conquête de la Gaule.	58 Caton s'empare de l'île de Chypre. 56 Aulète est chassé; sa fille Bérénice et Archélaüs 55 Les Romains rétablissent Aulète.		56 Mithridate III.
54 Révolte d'Ambiorix. 53 Défaite et mort de Crassus.		54 Révolte d'Ambiorix.		54 César reconnaît Hyrcan II.	54 Orode, vainqueur de Crassus.
49 Guerre civile entre César et Pompée. 48 Bataille de Pharsale. – Mort de Pompée en Égypte.		50 Soumission de la Gaule.	51 Mort de Ptolémée Aulète. – Ptolémée Denys.		
46 César créé dictateur pour 10 ans. – Numidie réduite en Province romaine. 45 Guerre en Afrique, en Espagne contre les partisans de Pompée. 44 Mort de César. 43 Deuxième triumvirat. – Octave, Antoine et Lépide. 42 Bataille de Philippes. – Mort de Brutus et de Cassius. 41 Antoine en Orient, se laisse captiver par Cléopâtre.			47 Mort de Denys. – Cléopâtre et son frère Ptolémée l'enfant. 44 Cléopâtre empoisonne son frère. 41 Cléopâtre retient auprès d'elle Antoine.		
38 Guerre d'Octave contre Sextus Pompée. 32 Guerre entre Octave et Antoine. – Bataille d'Actium. 31 Mort d'Antoine et de Cléopâtre. 30 Octave dictateur perpétuel. – Temple de Janus fermé. 27 Auguste Empereur.	Empire Romain		31 Sa mort; l'Égypte réduite en province romaine.	40 Fin malheureuse d'Hyrcan. – Hérode [illegible] 39 La Judée tributaire des Romains.	39 Ventidius venge la défaite de Crassus.
15 Victoire sur le Danube, qui sert de limite à l'Empire. 10 Succès de Drusus dans la Germanie.					22 Phraate IV consent à rendre les drapeaux pris à Crassus.
Naissance de Jésus Christ.				Naissance de Jésus Christ	

Tems Historiques. 2ème Siècle — Destruction de Carthage.

Rome	Carthage	Grèce	Macédoine	Espagne	Égypte	Judée	Syrie	Roy. des Parthes	Gaules
		198 Les Achéens et d'autres peuples se déclarent pour Rome contre Philippe							
197 Victoire de Cynocéphale		197 196 Proclamation de l'indépendance de la Grèce.	Défaite de Cynocéphale. Paix avec les Romains.						
195 190 Bataille de Magnésie gagnée sur Antiochus	Annibal à la Cour d'Antiochus.					186 Séleucus reprend la Palestine	195 Antiochus reçoit Annibal. 190 Défaite de Magnésie. Traité honteux. 186 Séleucus Philopator.		
183 Mort de Scipion	Mort d'Annibal	183 Mort de Philopœmen.			181 Ptolémée Philométor succède à Épiphane.				
		179	Mort de Philippe. Persée son fils.				174 Antiochus Épiphane		
72 Guerre contre Persée.		172	Guerre avec Rome.		170 Antiochus s'empare de l'Égypte. Ptolémée est fait prisonnier.	170 Antiochus s'empare de la Palestine 169 Profanation du temple de Jérusalem. Persécution contre les Juifs. 167 Révolte de Mathathias contre Antiochus. 166 Judas Machabée victorieux sur les Syriens	170 Invasion de l'Égypte.		
69 Paul Émile vainqueur à Pydna, met fin au royaume de Macédoine		169	Défaite de Persée à Pydna. Sa captivité. Fin du Royaume de Macédoine						
					164 Retour de Ptolémée dans ses états, il gouverne avec son frère Ptolémée Physcon.	161 Mort de Judas M. Jonathas son frère	164 Mort d'Antiochus. Antiochus Eupator. 162 Démétrius Soter	164 Mithridate 1er, ses conquêtes en Asie.	
56 Les Romains interviennent dans la querelle de Carthage avec Massinissa, Roi des Numides. 54 Les Romains passent les Alpes pour la 1re fois							153 Révolte d'Alexandre Bala 150 Mort de Démétrius tué par Bala		
49 Troisième guerre Punique.		148	Macédoine réduite en province Romaine.	149 141 Guerre contre Viriathe					
46 Prise et destruction de Carthage par Scipion l'Africain. Prise de Corinthe. Soumission de la Grèce.		146 Prise de Corinthe. — La Grèce est réduite en province romaine.			145 Physcon seul.	144 Jonathas prisonnier des Syriens. Simon lui succède et s'affranchit de tout tribut. 135 Simon assassiné. Hyrcan.	146 Bala dépouillé par Démétrius Nicator. 140 Démétrius prisonnier des Parthes. Succès contre les Parthes	140 Victoire sur Démétrius.	

Rome

Rome	Espagne	Égypte	Judée	Syrie	Roy. des Parthes	Gaules
34 Prise de Numance par Scipion l'Africain. 33 Tiberius Gracchus soutient la loi agraire — sa mort.	134 Prise de Numance. Soumission de l'Espagne	133 Physcon chassé du trône.		133 Antiochus Sidètes 130 Démétrius Nicator replacé sur le trône.	131 Phraate. 130 Démétrius recouvre la liberté. 129 Artaban, Roi.	
29 Les Romains s'emparent du Royaume de Pergame		127 Ptolémée Physcon remonte sur le trône.		128 Alexandre Zébina 124 Séleucus V. Antiochus Grypus	124 Mithridate II Le Grand	124 Fondation d'Aix. 118 Fondation de Narbonne.
24 Premier établissement dans les Gaules — Fondation de la Ville d'Aix — Caïus Gracchus. 18 Fondation de Narbonne.						
13 Guerre contre Jugurtha — Métellus puis Marius.		117 Ptolémée Lathyre				115 Invasion des Cimbres et des Teutons.
06 Jugurtha livré par Bocchus est conduit à Rome — sa mort — Naissance de Cicéron 05 Guerre des esclaves 02 Les Teutons sont battus à Aix } Marius 01 Les Cimbres sont défaits à Verceil } Marius		105 Cléopâtre chasse Lathyre et le remplace par Alexandre, chassé lui-même et remplacé par Lathyre.	Mort d'Hircan. 107 Aristobule 1er, son fils. 106 Alexandre Jannée			102 Défaite des Cimbres et des Teutons.

Tems Historiques _ 3ème Siecle. Agrandissement de Rome.

Rome	Carthage	Grèce	Macédoine	Espagne	Égypte	Palestine	Syrie
		Partage de l'Empire d'Alexandre.			Partage de l'Empire d'Alexandre		
		301 Cassandre obtient la Grèce et la Macédoine.			301 Ptolémée Soter.	301 La Palestine dépend de l'Égypte [illegible]	301 Séleucus obtient presque toute l'Asie.
299 Nouvelle guerre contre les Samnites							
295 Bataille de Sentinum – Décius meurt		298 Mort de Cassandre Démétrius Poliorcète s'empare de la Grèce	Ses fils se disputent son héritage.				
		294 Démétrius règne en Grèce et en Macédoine.					
	Les Carthaginois s'établissent en Sicile	286 Mort de Démétrius 283 282	Lysimaque et Séleucus, Roi de Syrie se disputent la Macédoine. Mort de Lysimaque et de Séleucus – Ptolémée Céraunus.	Les annales de l'Espagne ne sont pas connues pendant cette époque	284 Ptolémée Philadelphe.		
282 Guerre Tarentine – Pyrrhus.		281 Ligue Achéenne					281 Mort de Séleucus, Antiochus Soter.
280 Bataille d'Héraclée		279 Invasion des Gaulois.					
278 Pyrrhus est appelé en Sicile contre les Carthaginois qui étaient maîtres d'une partie de la Sicile.		278	Antigone – Gonatas, fils de Poliorcète		277 Ptolémée fait traduire en grec les livres hébreux	277 Traduction en grec des livres hébreux	
274 Pyrrhus vaincu quitte l'Italie.		274 Expédition de Pyrrhus en Macédoine 272 et dans le Péloponèse; sa mort à Argos.					
							270 Invasion des Gaulois en Syrie – Ils s'établissent dans la Galatie.
266 Toute l'Italie méridionale conquise par les Romains.		268 Antigone s'empare d'Athènes					
264 1re Guerre punique – Appius Claudius vainqueur des Carthaginois.							261 Mort d'Antiochus – Antiochus Théos lui succède
261 Hiéron fait alliance avec les Romains 260 Victoire navale de Duilius 259 Conquête de la Corse et de la Sardaigne par les Romains.							Royaume des Parthes
256 Régulus passe en Afrique, il est fait prisonnier par Xantippe.							256 254 La Perse se sépare de la Syrie — Arsace Ier Arsace II ou Tiridate
250 Les Carthaginois vaincus près de Panorme.		251 250 Antigone s'empare de la Citadelle de Corinthe Aratus.			247 Mort de Ptolémée Philadelphe Ptolémée Evergète.		246 Séleucus Callinicus — Guerre avec la Syrie
		244 242 Agis, roi de Sparte	Démétrius fils d'Antigone Gonatas.				
241 Victoire des îles Ægates – Prise de Lilybée – La Sicile réduite en province romaine							
240 235 Temple de Janus fermé pour la première fois depuis Numa	Guerre des Mercenaires Carthaginois en Espagne.	235 Cléomène, Roi de Sparte 232	Mort de Démétrius – Antigone Doson, tuteur de Philippe relève la gloire de la Macédoine.	Le midi de l'Espagne est envahi par les Carthaginois. 229 Fondation de Carthagène			230 Séleucus fait prisonnier par les Parthes.
228 Guerre avec les Gaulois		225 Guerre entre les Spartiates et les Achéens qui soutient Antigone Doson – Cléomène vaincu s'enfuit en Égypte.					225 Séleucus III Céraunus
222 Soumission apparente de l'Italie septentrionale					222 Ptolémée Philopator fait mourir son père		223 Antiochus le Grand
		221 Mort de Cléomène		221 Prise de Sagonte par les Carthaginois	221 Mort de Cléomène à Alexandrie		
218 2e guerre punique – Batailles du Tésin, de la Trébie, de Trasimène.					218 Guerre avec la Syrie	218 Une partie de la Judée tombe au pouvoir des Syriens.	218 Antiochus s'empare d'une partie de la Judée. — 217 Mort d'Arsace II. Arsace III.
216 Défaite des Romains à Cannes.		216	Traité de Philippe avec Annibal.		216 Victoire de Raphia Judée reprise sur les Syriens	216 Les Juifs rentrent sous la domination de Ptolémée qui les persécute.	216 Antiochus vaincu à Raphia perd ses conquêtes en Judée.
215 Guerre contre Philippe Roi de Macédoine – Alliance avec Syphax, Roi de Numidie.		215 Mort d'Aratus.	Guerre malheureuse avec Rome.				
212 Prise de Syracuse 207	Alliance avec Massinissa. Mort d'Asdrubal	212 Alliance des Romains avec qq peuples de la Grèce.		212 Mort des deux Scipions 206 Publius Scipion soumet l'Espagne.			
204 Scipion en Afrique – Il est vainqueur à Utique – Annibal quitte l'Italie. 202 Bataille de Zama – Fin de la 2e guerre punique 200 Guerre contre Philippe.					204 Mort de Ptolémée Philopator Ptolémée Epiphane.	203 La Palestine est conquise par Antiochus	202 Antiochus s'allie avec Philippe.
		200	Nouvelle guerre contre les Romains	200 Commencement d'une guerre contre les Romains; elle dure jusqu'en 134.			

Tems Historiques – 4e Siècle – Siècle littéraire – Alexandre et les conquêtes de Rome.

Histoire sainte.	Assyrie	Egypte	Perse	Grèce.	Rome.
La Judée gouvernée par des Pontifes, est tributaire des rois de Perse	L'Assyrie fait partie de l'Empire des Perses	L'Egypte fait partie de l'Empire des Perses			
			397 Invasion d'Agésilas dans l'Asie mineure. 387 Artaxerxès dicte aux grecs le traité d'Antalcidas.	397 Agésilas Roi de Sparte, dans l'Asie mineure. Ligue contre Sparte. 394 Agésilas vainqueur à Coronée. 387 Traité honteux d'Antalcidas.	395 Prise de Véies – Camille. 390 Prise de Rome par les Gaulois – Brennus. 383 Conspiration et mort de Manlius Capitolinus.
				382 Phébidas s'empare de Thèbes. 378 Pélopidas chasse les Spartiates de Thèbes. 372 Ligue contre Thèbes. 371 Bataille de Leuctres gagnée par Epaminondas. 369 Les Thébains ravagent la Laconie. 367 Bataille sans larmes. 365 Seconde ligue contre Thèbes. 364 Mort de Pélopidas 363 Victoire et Mort d'Epaminondas à Mantinée	367 2e invasion des Gaulois. 366 Établissement du Consulat plébéien.
			361 Mort d'Artaxerxès II – Ochus lui succède.	360 Avènement de Philippe au trône de Macédoine. 356 Naissance d'Alexandre 355 Guerre sacrée.	360 Progrès des Romains en Italie. 343 Commencement de la Guerre contre les Samnites 340-38 Guerre contre les Latins.
332 Entrée d'Alexandre à Jérusalem –	332 Toutes les provinces de l'Assyrie sont conquises par Alexandre	332 L'Egypte est conquise par Alexandre.	338 Mort d'Ochus. 336 Darius Codoman. 330 Mort de Darius. Fin du premier Empire des Perses.	338 Ligue formée par Démosthène et Athènes 336 Mort de Philippe. Alexandre 335 Destruction de Thèbes 334 Guerre contre la Perse 333 Batailles du Granique et d'Issus 332 Conquêtes de la Syrie, de la Judée, de l'Egypte. 331 Bataille d'Arbelles 330 Mort de Darius. 327 Expédition dans les Indes 323 Mort d'Alexandre; ses Généraux se disputent son Empire 323-22 Guerre lamiaque 301 Bataille d'Ipsus qui amène un nouveau partage entre les généraux d'Alexandre.	334 1er Préteur Plébéien. 327 2e Guerre contre les Samnites 321 Les Romains aux fourches Caudines. Toute cette époque jusqu'en 300 est marquée par des guerres contre les Samnites et les alliés qu'ils se donnent.
Empire d'Alexandre le Grand.					
301 Ptolémée obtient la Judée	301 Séleucus reçoit l'Assyrie	301 Ptolémée joint l'Egypte à la Judée	301 Séleucus obtient la Perse.	301 Cassandre gouverne la Grèce et la Macédoine. Lysimaque obtient la Thrace.	

Tems Historiques 5ème Siècle – Puissance d'Athènes – Thémistocle et Périclès.

Histoire Sainte	Assyrie et Médie.	Egypte.	Perse.	Grèce	Rome.
	L'Assyrie et la Médie font partie de l'Empire des Perses.		494 Commencement des guerres médiques.		498 Troubles à l'occasion des dettes.
			490 Bataille de Marathon perdue par les Perses.		492 Retraite du peuple sur le Mont sacré – Tribunat.
					488 Coriolan.
					486 1ère proposition de la loi agraire.
			485 Mort de Darius – Xerxès 1er.	Mort de Miltiade.	
			2e Guerre médique.		
			480 Léonidas combat et périt aux Thermopyles. Premier et second combats d'Artémise. Bataille de Salamine – Thémistocle vainqueur.		
			479 Bataille de Platée et de Mycale, gagnées par les Grecs. Fin de la 2e guerre médique.		
				478 Administration de Thémistocle	477 Dévouement des 306 Fabius.
				474 Les Athéniens relèvent les murs de leur ville.	
			472 Mort de Xerxès guerre civile	472 Sage administration d'Aristide	Troubles au sujet de la loi agraire. Guerre contre les Eques.
			471 Artaxerxès longue main		
			470 Mort de Thémistocle		
467 Esdras réforme les abus et fait observer la loi de Moïse				470 Administration de Cimon; ses victoires, son exil, son rappel.	
				464 3e et dernière guerre de Messénie.	462-51 Troubles excités par la loi Terentilla
454 Néhémie reçoit d'Artaxerxès la permission de relever les murs de Jérusalem.					451 Decemvirat
			449 Traité avec Artaxerxès – Fin des Guerres médiques.	Mort de Cimon	
				447 Administration de Périclès	445 Prétentions du peuple au consulat.
					444 Tribunat militaire.
					440 Etablissement de la Censure.
				436 Guerre entre Corcyre et Corinthe. Athènes prend le parti de la première	
				431 Commencement de la guerre du Péloponèse	
				430 Peste d'Athènes – Hippocrate	
				429 Mort de Périclès.	
		L'Egypte soumise à la Perse essaie pendant le règne d'Artaxerxès 1er et de Darius Nothus de reconquérir son indépendance.	424 Mort d'Artaxerxès. Xerxès II lui succède et périt après Sogdien.		
			423 Darius Nothus		
				421 Paix entre les Athéniens et les Spartiates	418 Création de [illegible] questeurs pour l'armée.
				415 Expédition des Athéniens en Sicile – Alcibiade	
				411 Athènes gouvernée par 400 tyrans	
			408 Alliance de Tissapherne avec Alcibiade		
			407 Cyrus fils de Darius, favorise les Lacédémoniens.	405 Bataille Aegos-Potamos	405 Etablissement de la solde pour les troupes
			404 Mort de Darius Nothus – Artaxerxès II Mnémon	404 Prise d'Athènes par Lysandre, fin de la guerre du Péloponèse	404 Siège de Véies
			401 Expédition du Jeune Cyrus contre son frère – Bataille de Cunaxa – sa mort.		
			400 Retraite des Dix-mille.	Mort de Socrate	

Tems historiques – 6ème Siècle. – Cyrus ou la Gloire de la Grèce.

Histoire Sainte	Assyrie	Médie	Perse	Egypte	Grèce	Rome
Royaume de Juda.						
598 Jéchonias 597 Sédécias, dernier roi de Juda.		597 Astyage	Cambyse, Père de Cyrus.	596 Apriès, vaincu par Nabuchodonosor II	594 Législation de Solon à Athènes	
587 Fin du Royaume de Juda. – Captivité des Juifs. – Daniel, Ananias, Mizaël &c.	587 Nabuchodonosor II détruit le Temple de Jérusalem et met fin au royaume de Juda. – Daniel.					587 Guerre contre les Sabins
			576 Naissance de Cyrus.	570 Amasis détrône et remplace Apriès.		578 Servius Tullius. – Changement dans le gouvernement.
	562 Evilmerodach 560 Nériglissor 555 Laborosoarchod	551 Cyaxare II	555 Victoires de Cyrus sur les rois d'Assyrie et de Lydie 548 Victoire de Thymbrée sur Crésus, Roi de Lydie.		561 Pisistrate usurpe le pouvoir à Athènes.	
536 Fin de la Captivité. – Gouvernement des Pontifes. – Les Juifs sont tributaires des rois de Perse.	538 Labynit ou Balthazar, dernier roi de Babylone. – L'Empire d'Assyrie passe sous la domination des Perses.	536 Réunion de la Médie à la Perse	538 Cyrus s'empare de Babylone. 536 Édit de Cyrus qui permet aux Juifs de retourner à Jérusalem 530 Mort de Cyrus. – Avènement de Cambyse II, son fils 525 Cambyse s'empare de l'Égypte.	525 Psamménite dernier roi d'Égypte. – Fin du 1er royaume d'Égypte qui fait partie de l'Empire des Perses.	528 Hippias et Hipparque succèdent à Pisistrate	534 Tarquin le Superbe. – Prise de Gabies. – Construction du Capitole.
519 Esther – (quelques historiens placent cette histoire sous le règne d'Artaxercès 516 Dédicace du second Temple.			522 Mort de Cambyse. Usurpation de Smerdis le Mage. Darius, fils d'Hystaspe, devient roi de Perse. 516 Révolte de Babylone. [illegible] 514 Guerre malheureuse de Darius en Scythie.			
			507 Expédition dans les Indes 500 Incendie de Sardes, prélude des Guerres médiques.		510 Expulsion des Pisistratides. – Abolition définitive de la royauté.	509 Abolition de la royauté. Établissement des Consuls, Mort de Brutus. 508 Porsenna. Horatius Coclès, Mucius Scævola.

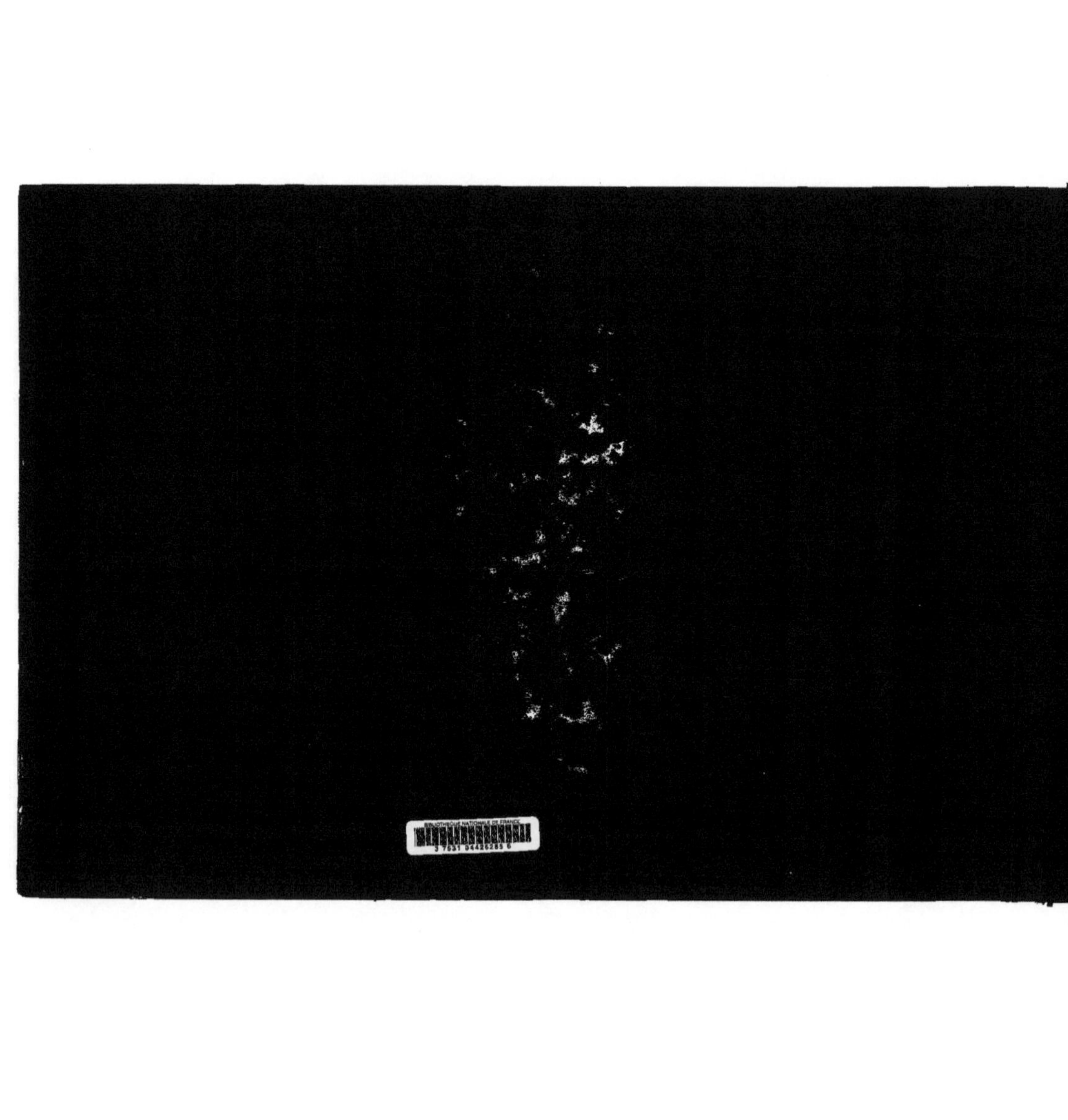

www.ingramcontent.com/pod-product-compliance
Ingram Content Group UK Ltd.
Pitfield, Milton Keynes, MK11 3LW, UK
UKHW020411230726
13925UKWH00004B/1354

9 782013 683579